MY READING COACH
LEVEL 3

 정답과 해설은 EBS 중학사이트(mid.ebs.co.kr)에서 다운로드 받으실 수 있습니다.

| 교재 내용 문의 | 교재 내용 문의는 EBS 중학사이트 (mid.ebs.co.kr)의 교재 Q&A 서비스를 활용하시기 바랍니다. | 교 재 정오표 공 지 | 발행 이후 발견된 정오 사항을 EBS 중학사이트 정오표 코너에서 알려 드립니다. 교재학습자료 → 교재 → 교재 정오표 | 교재 정정 신청 | 공지된 정오 내용 외에 발견된 정오 사항이 있다면 EBS 중학사이트를 통해 알려 주세요. 교재학습자료 → 교재 → 교재 선택 → 교재 Q&A |

중학 내신 영어 해결사
MY COACH 시리즈

MY READING COACH

LEVEL 3

Contents

About the Book

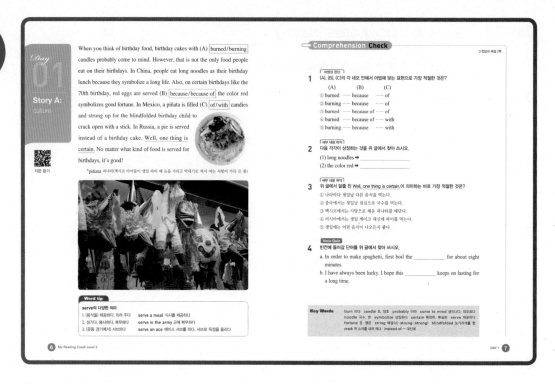

1 리딩 지문
과학, 문화, 시사, 스포츠 등 흥미롭고 신선한 소재의 글을 다양한 형식으로 제공하였습니다.

2 독해 문항
○ 읽기 영역 성취 기준에 근거해 선다형, 서술형, 논술형 문항으로 적절히 구성하였습니다.
○ 지문에 나온 단어를 이용한 영영풀이, 유사어, 반의어 등 다양한 형식의 어휘 연습으로 어휘력 신장에 도움이 되도록 하였습니다.

3 TIP
어휘 및 표현에 관한 추가 학습 자료를 제공하여 좀 더 풍부한 학습이 이루어지도록 하였습니다.

4 QR코드
지문 아래에 있는 QR코드를 스캔하여 원어민이 읽어 주는 지문을 바로 들어볼 수 있습니다.
(QR코드는 EBS 초등애플리케이션을 통해 이용하실 수 있습니다.)

워크북

Day 01

story **A** culture

A [단어확인] 다음 단어에 해당하는 우리말 뜻을 쓰세요.

1 burn	_____	7 serve	_____
2 candle	_____	8 fortune	_____
3 come to mind	_____	9 string	_____
4 noodle	_____	10 blindfolded	_____
5 symbolize	_____	11 crack	_____
6 certain	_____	12 instead of	_____

B [영작훈련] 괄호 안의 단어들을 올바른 순서로 배열하여 문장을 완성하세요.

1 생일 음식을 생각할 때, 아마 불타는 초들이 꽂힌 생일 케이크가 생각날 것이다. (come to mind, with burning candles, probably, birthday cakes)
When you think of birthday food, _____

2 중국에서는 사람들이 면발이 긴 국수를 먹는데 그것이 장수를 상징하기 때문이다. (a long life, they, because, symbolize)
In China, people eat long noodles _____ .

3 70세 생일 같은 특정한 생일에는 빨간색이 행운을 상징하기 때문에 빨간 달걀이 제공된다. (on, the 70th birthday, like, certain birthdays)
_____ , red eggs are served because the color red symbolizes good fortune.

4 멕시코에서는 피냐타가 사탕으로 채워지고 눈가리개를 한 생일을 맞은 아이가 막대로 쳐서 소리를 내어 깨서 열도록 줄에 매달아진다. (a piñata, with, candies, is filled)
In Mexico, _____ and strung up for the blindfolded birthday child to crack open with a stick.

5 생일을 위해 어떤 종류의 음식이 제공되어도, 그것은 좋다! (what kind of food, is served, no matter)
_____ for birthdays, it's good!

story **B** technology

A [단어확인] 다음 단어에 해당하는 우리말 뜻을 쓰세요.

1 bedside	_____	9 focus on	_____
2 the moment	_____	10 interaction	_____
3 detox	_____	11 strange	_____
4 electronic	_____	12 switch off	_____
5 device	_____	13 reconnect	_____
6 stay away from	_____	14 uncomfortable	_____
7 opportunity	_____	15 make an effort	_____
8 reduce	_____	16 benefit	_____

B [영작훈련] 괄호 안의 단어들을 올바른 순서로 배열하여 문장을 완성하세요.

1 당신은 침대 옆에 스마트폰을 두고 자는가? (your bedside, by, your smartphone, with)
Do you sleep _____ ?

2 당신은 일어나자마자 이메일을 확인하는가? (wake up, you, the moment)
Do you check your email _____ ?

3 디지털 디톡스는 어떤 이가 전자장치로부터 떨어져 있는 기간이다. (when, stays away from, a period of time, a person)
A digital detox is _____ electronic devices.

4 그것은 당신에게 스트레스를 줄이고 사회적 상호관계에 초점을 맞출 수 있는 기회를 제공한다. (to reduce stress, social interactions, an opportunity, and, focus on)
It gives you _____

5 디지털 디톡스를 하면서, 당신은 전화기를 가지고 있기보다 오히려 당신 앞에서 벌어지는 일들을 보려고 노력하게 된다. (to see, you, what is going on, in front of)
On a digital detox, rather than going on your phone, you make an effort _____

1 단어 확인 문제
지문과 선택지에 나오는 주요 단어를 손으로 써보면서 암기 여부를 다시 한 번 확인하도록 하였습니다.

2 영작 훈련 문제
앞서 학습한 지문 중 일부 문장을 우리말에서 영어로 옮기는 훈련을 통하여 날로 비중이 높아지는 중학 서술형 평가에 대비할 수 있도록 하였습니다.

▣ 동영상 강의
본 교재의 내용은 무료 동영상 강의로 제공됩니다. EBS 홈페이지에 접속해서 EBS 선생님과 함께 재미있게 학습해 보세요. 학습한 내용 중 궁금한 것은 강의 Q&A 게시판을 통해 질문할 수 있습니다.

Day

01

Story A:
culture

지문 듣기

When you think of birthday food, birthday cakes with (A) burned / burning candles probably come to mind. However, that is not the only food people eat on their birthdays. In China, people eat long noodles as their birthday lunch because they symbolize a long life. Also, on certain birthdays like the 70th birthday, red eggs are served (B) because / because of the color red symbolizes good fortune. In Mexico, a piñata is filled (C) of / with candies and strung up for the blindfolded birthday child to crack open with a stick. In Russia, a pie is served instead of a birthday cake. Well, one thing is certain. No matter what kind of food is served for birthdays, it's good!

*piñata 피냐타(멕시코 아이들이 생일 파티 때 눈을 가리고 막대기로 쳐서 여는 사탕이 가득 든 통)

Word tip

serve의 다양한 의미

1. (음식을) 제공하다, 차려 주다   serve a meal 식사를 제공하다
2. 섬기다, 봉사하다, 복무하다   serve in the army 군에 복무하다
3. (운동 경기에서) 서브하다   serve an ace 에이스 서브를 하다, 서브로 득점을 올리다

Comprehension Check

1 어법성 판단

(A), (B), (C)의 각 네모 안에서 어법에 맞는 표현으로 가장 적절한 것은?

	(A)	(B)	(C)
①	burned	······ because	······ of
②	burning	······ because	······ of
③	burned	······ because of	······ of
④	burned	······ because of	······ with
⑤	burning	······ because	······ with

2 세부 내용 파악

다음 각각이 상징하는 것을 위 글에서 찾아 쓰시오.

(1) long noodles ➡ _____

(2) the color red ➡ _____

3 세부 내용 파악

위 글에서 밑줄 친 Well, one thing is certain.이 의미하는 바로 가장 적절한 것은?

① 나라마다 생일날 다른 음식을 먹는다.

② 중국에서는 생일날 점심으로 국수를 먹는다.

③ 멕시코에서는 사탕으로 채운 피냐타를 매단다.

④ 러시아에서는 생일 케이크 대신에 파이를 먹는다.

⑤ 생일에는 어떤 음식이 나오든지 좋다.

4 Voca Quiz

빈칸에 들어갈 단어를 위 글에서 찾아 쓰시오.

a. In order to make spaghetti, first boil the _____ for about eight minutes.

b. I have always been lucky. I hope this _____ keeps on lasting for a long time.

Key Words burn 타다 candle 초, 양초 probably 아마 come to mind 생각나다, 떠오르다 noodle 국수, 면 symbolize 상징하다 certain 특정한, 확실한 serve 제공하다 fortune 운, 행운 string 매달다(-strung-strung) blindfolded 눈가리개를 한 crack 딱 소리를 내며 깨다 instead of ~ 대신에

지문 듣기

Do you sleep with your smartphone by your bedside? Do you check your email the moment you wake up? If so, you might need a digital detox. ⓐ It is a period of time when a person stays away from electronic devices such as smartphones or computers. ⓑ It gives you an opportunity to reduce stress and focus on social interactions in the real world. ⓒ It may be a bit strange at first. _____, you soon will learn to switch off your electronic device habit and reconnect with people. ⓓ Most people, when they feel uncomfortable or bored, get their phones out. ⓔ On a digital detox, rather than going on your phone, you make an effort to look around and see what is going on right in front of you.

Word tip

〈make+명사〉 표현
- make an effort 노력하다
- make a mistake 실수를 하다
- make an appointment 약속을 하다
- make a decision 결정을 하다

Comprehension Check

연결 관계 파악

1 위 글의 빈칸에 들어갈 말로 가장 적절한 것은?

① Therefore   ② However   ③ In fact
④ In addition   ⑤ For example

세부 내용 파악

2 위 글의 ⓐ~ⓔ 중에서 다음 질문에 대한 대답으로 가장 적절한 것은?

Q: What's the meaning of a digital detox?

① ⓐ   ② ⓑ   ③ ⓒ   ④ ⓓ   ⑤ ⓔ

세부 내용 파악

3 다음 질문에 대한 답을 위 글의 내용을 참고하여 완성하시오.

Q: What is the benefit of the digital detox?
A: It helps us _____.

Voca Quiz

4 다음 단어의 뜻풀이를 찾아 연결하시오.

a. digital ·   · ① an object invented for a particular purpose

b. bored ·   · ② showing information in a series of numbers

c. device ·   · ③ being tired because something is not interesting

Key Words   bedside 침대 곁(의)   the moment ~하자마자   detox 해독   stay away from ~에서 떨어져 있다   electronic 전자(공학)의   device 장치   opportunity 기회   reduce 줄이다   focus on ~에 집중하다, 초점을 맞추다   interaction 상호작용   strange 이상한, 낯선   switch off 신경을 끄다   reconnect 다시 연결하다   uncomfortable 불편한   bored 지루한   make an effort 노력하다   in front of ~의 앞에   ⓠ benefit 이점, 혜택

Day 02

Story A:
art

지문 듣기

Have you ever got a piece of gum stuck on the bottom of your shoe? You might have felt annoyed that people would spit their used gum on the pavement. _____(A)_____, on London's Millennium Bridge or other parts in London, the discarded chewing gum on the pavement has been turned into beautiful art. Ben Wilson, the Chewing Gum man, has created hundreds of tiny pictures. He lies on the ground for hours and devotes himself to creating meaningful work. _____(B)_____ he was arrested for doing <u>this</u> in the past, Ben hasn't stopped. He is extremely passionate about turning chewing gum into art. We will be able to enjoy his art as long as people continue to spit their chewing gum on the pavement.

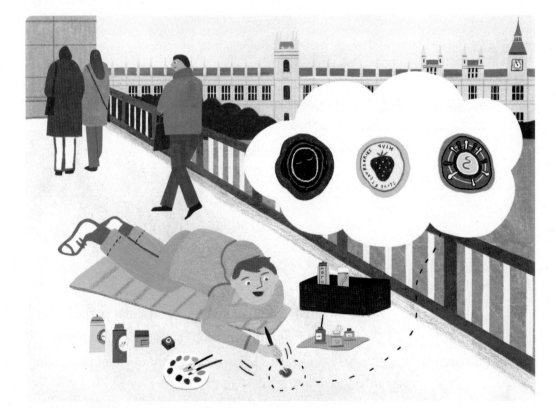

Word tip

〈물질 명사〉의 수량 표시
- a piece of chalk 분필 한 자루
- a glass of water 물 한 잔
- a lump of sugar 각설탕 한 개
- a cup of coffee 커피 한 잔
- a bottle of beer 맥주 한 병
- a loaf of bread 빵 한 덩어리

Comprehension Check

연결 관계 파악

1 위 글의 빈칸 (A), (B)에 들어갈 말로 가장 적절한 것은?

	(A)		(B)		(A)		(B)
①	However	……	As	②	Besides	……	Since
③	Nevertheless	……	Since	④	However	……	Although
⑤	Besides	……	Although				

세부 내용 파악

2 위 글의 내용과 일치하는 것은?

① People put pieces of gum on the bottom of their shoes.

② Ben Wilson painted the London's Millennium Bridge.

③ Ben Wilson paints pictures on new pieces of chewing gum.

④ Ben Wilson was arrested for spitting chewing gum on the pavement.

⑤ Ben Wilson can create artwork as long as people spit their chewing gum on the pavement.

지칭어 추론

3 위 글의 밑줄 친 this가 가리키는 내용을 우리말로 쓰시오.

_____

Voca Quiz

4 빈칸에 들어갈 단어를 위 글에서 찾아 쓰시오. (필요한 경우 형태를 바꿀 것)

a. Florence Nightingale looked after sick people her whole life. She _____ herself to her patients.

b. The necklace is _____ to Jenny because her grandmother gave it to her.

Key Words stick 달라붙다(-stuck-stuck) bottom 바닥 spit 뱉다 pavement 인도, 보도 discarded 버려진 turn into ~이 되다 create 만들어내다 hundreds of 수백의, 수많은 tiny 아주 작은 lie 눕다(-lay-lain) devote oneself to ~에 헌신하다 meaningful 의미 있는 arrest 체포하다 extremely 극도로, 매우 passionate 열정적인 as long as ~하는 한 continue 계속하다

Story B:
animals

지문 듣기

Dolphins and people have many traits in common, so they belong to many of the same animal groups. They are both vertebrates, ⓐ which means they both have a backbone. They are also mammals. This means they produce milk for their young, and their young are born live, not hatched from eggs. Also, as mammals, they use lungs ⓑ to breathe. To breathe, a dolphin swims to the surface of the water.

It takes in air through an opening, ⓒ called a blowhole, on the top of its head. People breathe air through their nose and mouth. Dolphins and people ⓓ consider intelligent animals. They both have large brains for ⓔ their body size.

Word tip

〈동물의 종(種)〉을 나타내는 어휘
- mammals 포유류
- amphibians 양서류
- reptiles 파충류
- fishes 어류
- birds 조류

Comprehension Check

● 정답과 해설 5쪽

[제목 파악]

1 위 글의 제목으로 가장 적절한 것은?

① Vertebrates Belong to Mammals

② The World's Smartest Animal Is Born Live

③ Traits of Animals from the Same Group

④ Dolphins and People Have Much in Common

⑤ Differences in the Way Dolphins and Humans Breathe

[어법성 판단]

2 위 글의 밑줄 친 ⓐ~ⓔ 중에서 어법상 어색한 것은?

① ⓐ   ② ⓑ   ③ ⓒ   ④ ⓓ   ⑤ ⓔ

[세부 내용 파악]

3 다음 질문에 대한 대답을 위 글에서 찾아 우리말로 쓰시오.

> Q: What are four traits that dolphins and people have in common?

(1) _____

(2) _____

(3) _____

(4) _____

Voca Quiz

4 빈칸에 들어갈 단어를 위 글에서 찾아 쓰시오.

a. This animal is _____ because it has the ability to think, understand, and learn things quickly.

b. The air was so dirty that we could hardly _____.

Key Words   have ~ in common ~을 공통점으로 가지다   trait 특성, 속성   belong to ~에 속하다 vertebrate 척추동물   both 둘 다   backbone 등뼈, 척추   mammal 포유동물   produce 생산하다, 만들어내다   be born 태어나다   hatch 부화하다   lung 폐, 허파   breathe 호흡하다   surface 표면   take in 받아들이다   opening 구멍   blowhole (고래 머리 위의) 분수공   consider ~라고 여기다   intelligent 지능이 있는, 지적인

Day 03

Story A:
law

지문 듣기

What would you do if food like butter, milk, cheese, and meat were heavily taxed? In 2011, the Danish government introduced a "fat tax" in order to make people eat less fat. (ⓐ) According to the Danish National Health and Medicines Authority, 47 percent of Danes were overweight. (ⓑ) Thus, in hopes of changing poor eating habits, the government taxed food with saturated fat content above 2.3 percent. (ⓒ) However, instead of buying less fatty foods, the Danes traveled to Germany and Sweden to buy cheaper food. (ⓓ) After only a year, the Danish government decided to abolish the tax. The plan ended up in failure. (ⓔ)

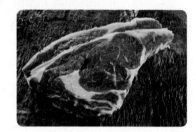

*saturated fat 포화지방

Word tip

〈부사〉를 만드는 -ly
- heavy 무거운, 심한 → heavily 심하게
- frank 솔직한 → frankly 솔직하게
- negative 부정적인 → negatively 부정적으로
- simple 간단한 → simply 간단하게

cf. 형용사와 부사의 형태가 같은 경우
- fast 빠른; 빠르게
- high 높은; 높이
- late 늦은; 늦게

Comprehension Check

◐ 정답과 해설 6쪽

[연결 관계 파악]

1 위 글의 흐름으로 보아, ⓐ~ⓔ 중에서 주어진 문장이 들어가기에 가장 적절한 곳은?

> As a result, many food company employees lost their jobs and manufacturers were negatively affected.

① ⓐ   ② ⓑ   ③ ⓒ   ④ ⓓ   ⑤ ⓔ

[세부 내용 파악]

2 위 글의 내용과 일치하지 <u>않는</u> 것은?

① 2011년에 덴마크 정부는 비만세를 도입하였다.

② 비만세는 포화지방이 47% 이상 함유된 음식에만 부과된다.

③ 덴마크 사람들은 더 싼 음식을 사기 위해 독일과 스웨덴으로 가기도 하였다.

④ 비만세로 인해 덴마크 경제는 타격을 입었다.

⑤ 2012년에 덴마크 정부는 비만세를 폐지하였다.

[제목 파악]

3 위 글의 내용에 맞게 빈칸에 알맞은 말을 넣어 기사의 제목을 완성하시오.

> **The "_____" Was Abolished After Only a Year!**
> What would you do if food like butter, milk, cheese and meat were heavily taxed? In 2011, the Danish government introduced a "fat tax." ...

Voca Quiz

4 빈칸에 들어갈 단어를 위 글에서 찾아 쓰시오. (필요한 경우 형태를 바꿀 것)

a. My dog is not fat but it is a bit _____. It needs to lose some weight.

b. My sister always bites her nails. She should try to break her bad _____.

Key Words   tax 세금을 부과하다; 세금   Danish 덴마크의   government 정부   introduce 도입하다, 소개하다   according to ~에 따르면   Dane 덴마크 사람   overweight 과체중의   eating habit 식습관   content 함유량   abolish 폐지하다   end up 결국 ~으로 끝나다   failure 실패   ⓞ as a result 그 결과   employee 종업원, 직원   manufacturer 제조업자   negatively 부정적으로   affect 영향을 미치다

Story B:
architecture

지문 듣기

Have you ever dreamed of living in a candy house like the one in *Hansel and Gretel*? ⓐ Well, how about a house made of newspapers? ⓑ It is not easy to live in a candy house. ⓒ Using over 150,000 donated newspapers, Sumer Erek and some locals created a five-meter-high newspaper house as a project. ⓓ Rolled-up newspapers were packed inside a wooden frame. ⓔ Before rolling up the newspapers, some people wrote personal stories on them. Sumer Erek not only turned a private space into a public space by engaging the community, but also raised awareness of environmental issues.

Word tip

〈성질·상태〉의 명사를 만드는 **-ness**
- **aware** 알고[의식하고] 있는 → **awareness** (중요성에 대한) 의식
- **shy** 부끄러워하는 → **shyness** 부끄러움
- **blind** 눈이 먼 → **blindness** 앞이 보이지 않음

Comprehension Check

1 위 글의 흐름으로 보아, ⓐ~ⓔ 중에서 전체 흐름과 관계 없는 문장은?

① ⓐ   ② ⓑ   ③ ⓒ   ④ ⓓ   ⑤ ⓔ

2 위 글을 쓴 목적으로 가장 알맞은 것은?

① 신규 주택 분양을 광고하려고

② 목조 주택의 화재 위험성을 경고하려고

③ 신문으로 만든 집 프로젝트를 소개하려고

④ 새로운 건축자재의 개발을 촉구하려고

⑤ 주택 건설을 위한 신문 기부를 요청하려고

3 위 글의 내용을 한 문장으로 요약하고자 한다. 빈칸에 적절한 말을 위 글에서 찾아 쓰시오.

> Sumer Erek's The Newspaper House Project changed the concept of 'house' as a _____ _____ to a _____ _____ and helped inform people of _____ _____.

4 빈칸에 들어갈 단어를 위 글에서 찾아 쓰시오.

a. Pinocchio was a _____ doll, but he became a real boy like his dad wished.

b. Since this is sensitive information, I want to talk to you in someplace _____. This place is too open.

Key Words   made of ~으로 만들어진   donate 기부하다   local 주민; 지역의   roll up 말다   pack 가득 채우다   wooden 나무로 된   frame 틀   not only A but also B A뿐만 아니라 B도   turn A into B A를 B로 바꾸다   private 사적인   public 공공의   engage 참여시키다, 끌어들이다   community 지역사회   raise 높이다   awareness 인식, 자각   environmental 환경의   issue 문제   ❶ concept 개념   inform A of B A에게 B를 알려주다

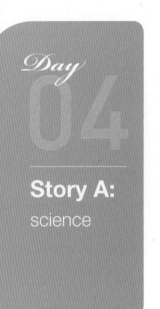

Day 04

Story A:
science

지문 듣기

When all colors of light blend together, they create white light. Does it mean, then, that if all sounds blend together, they create white noise? Yes, it does! White noise is a combination of all the different frequencies of sound. Because white noise has all frequencies, it is often used to block out other sounds. _____, if you hear voices from the room next door, you can turn on a fan to drown out the voices. The fan makes a noise like white noise. Researchers have shown that a steady peaceful sound, such as white noise, can block out distracting noises. This sound is calming and can help you relax or fall asleep.

*frequency (소리·전자파 등의) 진동수

Word tip

〈~하는 사람〉의 명사를 만드는 -er/-or
- research 연구하다 → researcher 연구원
- rule 통치하다 → ruler 통치자
- act 연기하다 → actor 배우
  cf. employee 종업원 (-er/-or은 능동자, -ee는 수동자를 의미함)

Comprehension Check

[연결 관계 파악]

1 위 글의 빈칸에 들어갈 말로 가장 적절한 것은?

① Finally   ② Instead   ③ However

④ Moreover   ⑤ For example

[세부 내용 파악]

2 위 글의 내용과 일치하지 <u>않는</u> 것은?

① 모든 빛의 색깔이 함께 섞이면 백색 빛이 된다.

② 모든 소리가 함께 섞이면 백색 소음을 만들어낸다.

③ 백색 소음은 다른 소리들을 차단하기 위해 종종 쓰인다.

④ 선풍기를 틀어서 백색 소음을 만들 수 있다.

⑤ 백색 소음을 지속적으로 들으면 집중에 방해가 된다.

[세부 내용 파악]

3 위 글의 내용과 일치하도록 빈칸에 적절한 말을 쓰시오.

> White noise is helpful when you want to _____.

[Voca Quiz]

4 빈칸에 들어갈 단어를 위 글에서 찾아 쓰시오.

a. If you _____ red with white, you will get pink.

b. The music was very _____, so I couldn't focus on reading.

Key Words   blend 섞이다   create 만들어내다   noise 소음   combination 혼합, 조합   block out 차단하다, 막다   turn on ~을 켜다(↔ turn off)   drown out (소리를) 안 들리게 하다   researcher 연구자   steady 꾸준한, 지속적인   peaceful 평화로운   distracting 집중을 방해하는   calming (마음을) 차분히 가라앉히는   relax 휴식을 취하다, 긴장을 풀다   fall asleep 잠들다

Story B:
animals

지문 듣기

Some animals without cheeks swallow their supper whole. And some of them don't eat very much. A python might gulp down a piglet once a month. Some frogs and lizards may gulp down insects only two or three times a week. These creatures do not need to eat a lot because they are cold-blooded. Their bodies take on the same temperature as the air or water they live in. This means that they do not require the fuel that food provides them to keep their bodies warm.

_____(A)_____, mammals must create heat to stay warm when it's cold.

They are _____(B)_____. They need to eat 10 times more food than frogs or lizards do to keep their bodies warm. That's why a typical human mammal like you needs to eat several times a day.

*python 비단뱀   *gulp down 꿀꺽 삼키다

Word tip

얼굴 부위 명칭

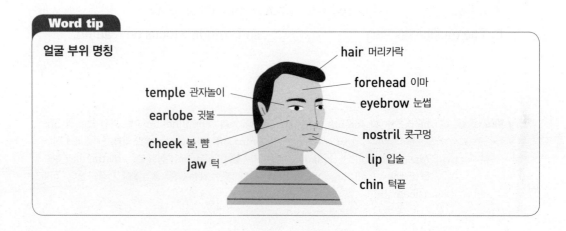

hair 머리카락
forehead 이마
eyebrow 눈썹
temple 관자놀이
earlobe 귓불
nostril 콧구멍
cheek 볼, 뺨
lip 입술
jaw 턱
chin 턱끝

Comprehension Check

연결 관계 파악

1 위 글의 빈칸 (A)에 들어갈 말로 가장 적절한 것은?

① Besides ② Therefore

③ As a result ④ For instance

⑤ On the other hand

빈칸 완성

2 위 글의 흐름상 빈칸 (B)에 알맞은 말을 본문의 단어를 이용하여 쓰시오.

_____

세부 내용 파악

3 위 글의 내용으로 보아, 다음 문장의 빈칸에 들어갈 수 <u>없는</u> 것은?

Pythons, frogs, and lizards _____.

① don't eat often ② don't chew their food

③ are cold-blooded ④ eat to stay warm

⑤ don't have cheeks

Voca Quiz

4 빈칸에 들어갈 단어를 위 글에서 찾아 쓰시오.

a. The _____ is higher in the afternoon than in the evening.

b. His car ran out of _____, so he went to the gas station.

Key Words cheek 볼, 뺨 swallow 삼키다 supper 만찬, 저녁 식사 whole 통째 piglet 새끼 돼지 lizard 도마뱀 insect 곤충 creature 생명체, 생물 cold-blooded 냉혈의(↔ warm-blooded 온혈의) take on (특정한 모습·특질 등을) 띠다 temperature 온도 require 요구하다, 필요로 하다 fuel 연료 mammals 포유류 heat 열, 열기 stay (~인 채로) 있다 typical 일반적인, 평범한

Day 05

Story A:
architecture

지문 듣기

The pyramids are one of the most impressive monuments of the ancient world. People often wonder how the Egyptians could build such huge buildings so long ago. But pyramids are not hard to build if there are plenty of cheap workers available. ⓐThey are just a big pile of cut stones with lighter stones over the top. First, workers built a small ordinary stone tomb on the ground. Then ⓑthey moved many large stone blocks to the building site from a quarry about 2 km away, probably on wooden rollers or on sleds. Then ⓒthey probably built long ramps of dirt and then rolled the stones up them. ⓓThey kept making the ramps higher and longer. When a pyramid was done, ⓔthey removed the earth ramps.

*quarry 채석장

Word tip

〈~할 수 있는〉을 뜻하는 접미사 -able, -ible
- avail+able → available 이용할 수 있는
- accept+able → acceptable 받아들일 수 있는
- access+ible → accessible 접근할 수 있는
- port+able → portable 운반할 수 있는

Comprehension Check

지칭어 추론

1 위 글의 밑줄 친 @~@ 중에서 가리키는 대상이 나머지 넷과 <u>다른</u> 것은?

① @   ② ⓑ   ③ ⓒ   ④ ⓓ   ⑤ ⓔ

세부 내용 파악

2 위 글의 내용과 일치하지 <u>않는</u> 것은?

① 피라미드 건축은 인력이 충분해도 쉽지 않았다.

② 피라미드는 위로 올라갈수록 더 가벼운 돌이 놓여졌다.

③ 피라미드를 건축할 때 땅에 돌무덤을 가장 먼저 만들었다.

④ 채석장에서 구한 돌을 나무 굴림대나 썰매를 이용해서 옮겼다.

⑤ 돌을 높이 올리기 위해 흙으로 긴 경사로를 만들었다.

세부 내용 파악

3 위 글의 내용과 일치하도록 빈칸에 알맞은 말을 본문에서 찾아 쓰시오.

> Perhaps the workers who built the pyramids moved large stone blocks by using _____ _____ or _____.

Voca Quiz

4 다음 단어의 뜻풀이를 찾아 연결하시오.

a. impressive   •   • ① a sloping surface connecting two different levels

b. plenty   •   • ② making a good impression

c. ramp   •   • ③ a large amount of something

Key Words   impressive 인상적인, 감명을 주는   monument 기념물   ancient 고대의   Egyptian 이집트인   huge 거대한   plenty of 많은   available 이용 가능한   pile 더미   ordinary 평범한   tomb 무덤   probably 아마도   ramp 경사면   roller 굴림대, 롤러   sled 썰매   dirt 흙, 먼지   remove 제거하다, 없애다   ⓞ perhaps 아마도

지문 듣기

Cute characters from cartoon animations, Lego bricks and plamodels do not only belong to children anymore. We see many adults ⓐ who have kitty phone cases or tablet PC cases. Clothing with animal ears or wings on it is very popular for people in their 20s and 30s, too. A growing number of people are looking for things from the past that remind them of their inner child. We call these people "kidults." The term comes from two English words, "kids" and "adults," ⓑ that refers to adults ⓒ who enjoy doing various youth-related activities. As many adults miss their childhood, a time ⓓ when there was less stress and responsibility, some products intentionally target these people. The "kidult" trend is one ⓔ that will be here for a long time.

Word tip

두 단어가 합쳐진 신조어

- kid+adult → kidult 아이 같은 어른
- duck+face → duckface 셀카 찍을 때 입술을 모아서 앞으로 뾰로통하게 내미는 얼굴
- man+nanny → manny 남자 보모

Comprehension Check

1 [어법성 판단]
위 글의 밑줄 친 ⓐ~ⓔ 중에서 어법상 어색한 것은?

① ⓐ   ② ⓑ   ③ ⓒ   ④ ⓓ   ⑤ ⓔ

2 [세부 내용 파악]
위 글을 읽고 답할 수 있는 질문으로 가장 적절한 것은?

① Who used the term "kidults" first?
② When did the "kidult" trend start?
③ What adult activities do "kidults" do?
④ How fast is the number of "kidults" growing?
⑤ What is an age group that likes clothing with animal ears or wings on it?

3 [인과 관계 파악]
위 글의 내용을 참고하여 다음 질문에 대한 답을 완성하시오.

> Q: Why do many adults miss their childhood?
> A: Because they had _____ _____ _____ _____
>   when they were young.

4 [Voca Quiz]
빈칸에 들어갈 단어를 위 글에서 찾아 쓰시오. (필요한 경우 형태를 바꿀 것)

a. They seem to know their parental rights and _____.
b. He _____ told the news to the press. It was not a mistake.

Key Words   character 캐릭터, 등장인물   cartoon animation 만화영화   plamodel 프라모델
(plastic model의 일본식 줄임말)   belong to ~에 속하다   popular 인기 있는
a number of 많은   remind A of B A에게 B를 상기시키다   inner 내면의, 내부의   term
용어   refer to ~을 나타내다   miss 그리워하다   childhood 어린 시절   responsibility
책임   product 제품   intentionally 의도적으로   target 겨냥하다   trend 유행, 경향
ⓞ the number of ~의 수

Day 06

Story A:
food

지문 듣기

Spicy foods have always been loved. But sometimes you might feel you need a fire-fighter to ⓐ cool your spicy mouth after eating something spicy. If that happens, grab a drink from the refrigerator. But what? Orange juice or water? What about milk? Chillies have spicy oil that makes the sensors on your tongue ⓑ hurt. A glass of cold water or juice would ⓒ decrease the pain. Because oil and water do not mix, water or water-based drinks will actually spread the spicy oil rather than ⓓ reduce the pain. On the other hand, milk has a fat-loving chemical which ⓔ binds with spicy oil and then washes (A) it away. So, the next time your mouth burns, _____ .

Word tip

〈음식의 기름기〉를 표현하는 어휘
- oily 기름진   - greasy 느끼한   - buttery 버터 맛이 나는   cf. clean 담백한

Comprehension Check

1 낱말 의미 파악

위 글의 밑줄 친 ⓐ~ⓔ 중에서 글의 흐름상 낱말의 쓰임이 적절하지 <u>않은</u> 것은?

① ⓐ　　　② ⓑ　　　③ ⓒ　　　④ ⓓ　　　⑤ ⓔ

2 주제 파악

위 글의 빈칸에 들어갈 말로 가장 적절한 것은?

① have a glass of milk
② do not drink water slowly
③ wash your mouth before you drink
④ choose fat-free milk for your weight
⑤ drink something cool to ease the pain

3 지칭어 추론

위 글에서 밑줄 친 (A)it이 가리키는 것을 찾아 쓰시오.

_____

Voca Quiz

4 빈칸에 들어갈 단어를 위 글에서 찾아 쓰시오. (필요한 경우 형태를 바꿀 것)

a. The new flu virus continued to _____ worldwide.
b. I don't wear my hair loose. I usually _____ my hair in a ponytail.

Key Words　spicy 매운　cool 진정시키다　grab 붙잡다　chilli 고추　sensor 감지기관　tongue 혀　hurt 아프게 하다, 고통을 느끼다　decrease 감소시키다　actually 실제로　spread 확산시키다; 확산되다　reduce 감소시키다　chemical 화학물질　bind 결합하다, 묶다　wash away 씻어 내려보내다　burn 화끈거리다　ⓞ fat-free 무지방의　ease (고통 등을) 덜어주다

지문 듣기

Symbols began in the early days of civilization. ⓐThe first people carved symbols onto rocks or shells. These symbols represented people or things. ⓑThese people were called ⓒhunter-gatherers because ⓓthey hunted animals and gathered nuts and berries for food. To tell each other about how to hunt animals or where to find ⓔthem, they drew on cave walls or on animal hides. When people began growing crops, they also used a system of symbols to stand for people, places, and things. Some of the earliest examples come from ancient Egypt, where people believed in many different gods. Each god had its own symbol. In Egypt, symbols were also used to stand for water, buildings, food, and other parts of life.

Word tip

〈명사〉를 만드는 -tion
- civilize 문명화하다 → civilization 문명
- act 활동하다 → action 활동
- hesitate 주저하다 → hesitation 주저함
- compete 경쟁하다 → competition 경쟁

Comprehension Check

1 [지칭어 추론]

위 글의 밑줄 친 ⓐ~ⓔ 중에서 가리키는 대상이 나머지 넷과 다른 것은?

① ⓐ   ② ⓑ   ③ ⓒ   ④ ⓓ   ⑤ ⓔ

2 [주제 파악]

What is the passage mainly talking about?

① How were the first symbols taught?

② Who were called hunter-gatherers?

③ When did people begin to grow crops?

④ What did the symbols in the past represent?

⑤ Where did the first people carve the symbols?

3 [세부 사항 파악]

다음 질문에 대한 답을 위 글에서 찾아 완성하시오.

> Q: Why did hunter-gatherers draw pictures on cave walls?
>
> A: Because they wanted _____ .

4 [Voca Quiz]

다음 단어의 뜻풀이를 찾아 연결하시오.

a. cave ·   · ① to make something by cutting it out of wood or stone

b. symbol ·   · ② a picture, a shape, or a letter that has a particular meaning

c. carve ·   · ③ a large natural hole in the side of a hill

Key Words   symbol 상징 civilization 문명 carve 새기다, 조각하다 rock 바위 shell 조개껍데기 represent 나타내다 hunter-gatherer 수렵 채집인 hunt 사냥하다 gather 모으다 cave 동굴 hide 가죽 crop 작물 stand for 상징하다, 의미하다 example 예시 ancient 고대의

지문 듣기

If a person drops a ten-pound ball and a five-pound ball off a building at the same time, which one will hit the ground first? Will gravity pull harder on the ten-pound ball? This is the topic of a famous story about the scientist Galileo Galilei. People say that he had tried dropping two objects from the Leaning Tower of Pisa to find the answer to this question. You might be surprised to find out that the two objects hit the ground at almost the same time. Gravity works the same on all objects, _____ there is wind, objects will fall at about the same speed. So if one of those balls had been attached to a parachute, it would have slowed the ball down.

Word tip

수 일치에 주의해야 하는 합성어
- a ten-pounds ball (×) → a ten-pound ball (○)
- a five-years-old boy (×) → a five-year-old boy (○)

Comprehension Check

[연결 관계 파악]

1 위 글의 빈칸에 들어갈 말로 가장 적절한 것은?

① when　　　　　② if　　　　　③ unless

④ where　　　　　⑤ though

[세부 내용 파악]

2 위 글의 내용과 일치하지 <u>않는</u> 것은?

① Galileo는 피사의 사탑에서 낙하 실험을 했다.

② 중력은 물체의 무게에 비례하여 작용한다.

③ 무게가 다른 두 물체의 낙하 속도는 거의 동일하다.

④ 바람은 물체의 낙하 속도에 영향을 미칠 수 있다.

⑤ 낙하산은 물체의 낙하 속도를 줄여준다.

[요지 파악]

3 위 글의 내용을 한 문장으로 요약하고자 한다. 빈칸에 적절한 말을 위 글에서 찾아 쓰시오.

> According to Galileo's experiment, two objects of different masses fall to the ground at the same time because _____ works the same on them.

[Voca Quiz]

4 다음 단어의 뜻풀이를 찾아 연결하시오.

a. lean　·　　　　　　·　① to join, fasten, or connect

b. drop　·　　　　　　·　② to bend or incline

c. attach　·　　　　　·　③ to let fall to the ground

Key Words　drop 떨어뜨리다　at the same time 동시에　gravity 중력　pull 잡아당기다　topic 주제　object 물체　lean 기울어지다　surprised 놀란　attach 붙이다　parachute 낙하산　slow down 속도를 늦추다　ⓐ according to ~에 따르면　experiment 실험　mass 질량　due to ~ 때문에

Story B:
health

지문 듣기

Are you tired of having a stuffy nose? ⓐHere are some helpful ways to clear a stuffy nose. First, add one teaspoon of salt to a cup of hot water. Using a dropper, drop a little salt water in your nose and let it ⓑrest there for a few seconds. Another way is ⓒhaving a hot shower. While you are in the shower, breathe the steam in and out. If you do not want to take a shower, you can just put your head over hot water and breathe the steam in and out. Covering your head with a towel helps. Lastly, apply heat to your nose. Heat a small damp towel in the microwave and ⓓleaving it on your nose for about 30 seconds. Repeat ⓔuntil you can breathe better.

*dropper 점적기(소량의 액체를 빨아내거나 한 방울씩 떨어뜨리는 데 사용하는 도구)

Word tip

〈감기 증상〉과 관련된 표현
- a stuffy nose 코막힘
- a runny nose 콧물
- a sore throat 인후염
- a mild fever 미열
- a high fever 고열
- a cold[shivering] fit 오한

Comprehension Check

1 어법성 판단

위 글의 밑줄 친 ⓐ~ⓔ 중에서 어법상 <u>어색한</u> 것은?

① ⓐ   ② ⓑ   ③ ⓒ   ④ ⓓ   ⑤ ⓔ

2 세부 내용 파악

위 글에서 제시한 방법과 관련 있는 그림끼리 바르게 묶인 것은?

a.   b.   c.   d.   e.

① a, b, c   ② a, d, e

③ b, c, d   ④ b, c, e

⑤ b, d, e

3 제목 파악

괄호 안에 주어진 단어와 위 글에 쓰인 단어를 사용하여 글의 제목을 완성하시오.

_____ _____ _____ a Stuffy Nose (How)

4 Voca Quiz

빈칸에 들어갈 단어를 위 글에서 찾아 쓰시오.

a. Can you open the window to let some fresh air in? The room is _____.

b. When water boils, hot _____ comes out from the kettle.

Key Words   be tired of ~에 질리다, ~로 지치다   stuffy 막힌, 답답한   helpful 유용한   add 더하다   rest 머무르다, 그대로 있다   breathe 숨을 쉬다   steam 증기, 김   take a shower 샤워를 하다   cover 덮다   lastly 마지막으로   apply 적용하다, 가하다   heat 열; 따뜻하게 만들다   damp 축축한   microwave 전자레인지   repeat 반복하다

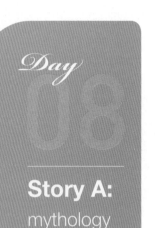

지문 듣기

In Greek mythology, there was once a nymph named Echo who loved her own voice. Echo spent her time in the forest chatting with a group of nymphs. Echo had one problem. She was too talkative.

(A) Echo took Hera aside, and distracted her with a long and entertaining story until Zeus could sneak away.

(B) One day, Hera was looking for her husband, Zeus, who was hanging out with Echo and the other nymphs in the forest.

(C) She said, "Echo will only be able to speak what is spoken to her. She will always only speak the last word she hears."

(D) When Hera realized that Echo had fooled her, she punished Echo in the cruelest way.

Word tip

〈~을 하는 (경향이 있는)〉을 뜻하는 접미사 -(at)ive
- talk+-ative → talkative 말을 많이 하는
- imagine+-ative → imaginative 상상력이 풍부한
- create+-ive → creative 창의력이 있는

1 전후 관계 파악

주어진 글 다음에 이어질 글의 순서로 가장 적절한 것은?

① (A) - (B) - (D) - (C)

② (A) - (C) - (B) - (D)

③ (B) - (A) - (C) - (D)

④ (B) - (A) - (D) - (C)

⑤ (B) - (D) - (A) - (C)

2 심경 파악

위 글의 밑줄 친 말을 듣고 Echo가 느꼈을 심정으로 가장 적절한 것은?

① proud   ② satisfied   ③ frustrated

④ impressed   ⑤ indifferent

3 세부 내용 파악

다음 질문에 대한 답을 우리말로 간단히 쓰시오.

> Q: What was Hera's punishment for what Echo had done?

_____

4 Voca Quiz

빈칸에 들어갈 단어를 위 글에서 찾아 쓰시오. (필요한 경우 형태를 바꿀 것)

a. The boy was muttering. He _____ me from studying.

b. My parents used to _____ me when I lied to them.

Key Words   Greek 그리스의   mythology 신화   nymph 요정   chat 잡담하다   talkative 수다스러운   take aside 옆을 차지하다   distract 주의를 다른 곳으로 돌리다   entertaining 재미있는   sneak away 살그머니 떠나다   hang out with ~와 시간을 보내다   fool 속이다, 놀리다   punish 벌주다   cruel 잔인한   ⓞ punishment 벌, 처벌

What if a door suddenly shut behind you? It might make you jump in fear. But being frightened can be good for you. Fear produces healthy chemicals in your body. They make your brain active and excite your body. Endorphins and dopamine are among them, which create feelings of happiness. ⓐ Also, when you feel scared, your body makes a chemical called oxytocin. ⓑ This chemical helps people come together. ⓒ Scary experiences can bring people closer together. ⓓ Making new relationships is a key skill in our lives. ⓔ So, if you're in a haunted house with your friends, feeling scared together can make your friendships stronger.

Word tip

〈두려움/걱정〉을 나타내는 어휘
- frightened 두려운
- fearful 무서운
- terrified 겁에 질린
- scared 겁에 질린
- anxious 걱정하는
- concerned 걱정하는

Comprehension Check

1 위 글의 흐름으로 보아, ⓐ~ⓔ 중에서 전체 흐름과 관계 <u>없는</u> 문장은?

① ⓐ   ② ⓑ   ③ ⓒ   ④ ⓓ   ⑤ ⓔ

2 위 글의 내용을 한 문장으로 요약하고자 한다. 빈칸에 적절한 말을 위 글에서 찾아 쓰시오.

> When you feel _____, your body releases healthy _____, which make you feel happy and close with others.

3 다음 영영풀이에 해당하는 한 단어를 위 글에서 찾아 쓰시오.

> the past events, knowledge, and feelings that make up someone's life or character

4 빈칸에 들어갈 단어를 위 글에서 찾아 쓰시오.

a. Too much coffee keeps you awake. It is because of a _____ called caffeine.

b. She managed to overcome her _____ of flying.

Key Words   suddenly 갑자기   shut 닫히다(-shut-shut)   fear 두려움, 공포   frightened 무서워하는   produce 생산하다   healthy 건강에 좋은, 건강한   chemical 화학물질   active 활동적인   excite 흥분시키다   scary 무서운   experience 경험   relationship 관계   skill 기술   haunted 유령이 자주 나오는   ❶ release 방출하다   character 성격

지문 듣기

Something in your refrigerator can ⓐ <u>use</u> as both a food and a cleaning product! Can you guess what it is? It is time for you to know _____! Vinegar is a strong germ killer. Tests have shown vinegar to be 99.9% effective in killing bacteria and about 90% effective against mold. That is why it can ⓑ <u>use</u> as a good bathroom cleaner. Many chemical-based cleaners can be dangerous to use, especially when you breathe in the chemicals. Using vinegar with baking soda is a lot safer and more effective. In addition, vinegar can prevent mold from growing. When you find mold, just wipe it with a vinegar and water mixture and let it dry.

Word tip

〈양념-맛〉을 나타내는 어휘
- vinegar 식초 – sour 신
- sugar 설탕 – sweet 단
- pepper 후추 – spicy 매운
- salt 소금 – salty 짠

Comprehension Check

주제 파악

1 위 글의 빈칸에 들어갈 말로 가장 적절한 것은?

① the causes of mold

② the benefits of vinegar

③ the safe use of chemicals

④ how vinegar keeps food fresh

⑤ why vinegar should be kept cool

목적 파악

2 위 글을 쓴 목적으로 가장 적절한 것은?

① 화학세제의 위험성을 경고하려고

② 현명한 세제 선택법을 조언하려고

③ 위생 관리의 중요성을 강조하려고

④ 집안 곰팡이의 원인을 알려주려고

⑤ 식초의 세정 효과에 대해 알려주려고

어법성 판단

3 밑줄 친 ⓐ, ⓑ를 어법에 맞게 고쳐 쓰시오.

ⓐ: _____   ⓑ: _____

Voca Quiz

4 빈칸에 들어갈 단어를 위 글에서 찾아 쓰시오.

a. This pill is very _____ against colds. It'll help you stop coughing.

b. After making flour into dough, cover it with a wet towel to _____ it from drying.

Key Words refrigerator 냉장고 product 제품 guess 짐작하다, 추측하다 vinegar 식초 germ 세균 effective 효과적인 mold 곰팡이 especially 특히 breathe in ~을 들이쉬다 in addition 게다가 prevent 막다, 방지하다 grow 자라다 wipe 닦다 mixture 혼합물 ❶ cause 원인 benefit 혜택, 이점

지문 듣기

Happy birthday! Before you blow out the candles on your birthday cake, have you ever wondered why you do that? Putting candles on birthday cakes is a tradition that has been passed down for generations. (ⓐ) It goes back to the ancient Greeks, who often burned candles to show respect to the gods. (ⓑ) They baked round cakes to represent the moon and candles were added to mean the moonlight. (ⓒ) For religious reasons, Germans would place a large candle in the center of a cake to represent "the light of life." (ⓓ) In other countries, people believed that the smoke from the candles carried their wishes to the gods in the sky. (ⓔ)

Word tip

〈출생〉을 의미하는 접두사 gen(e)-

- **genetics** 유전학 ▷ gene(출생)+tic(형용사 접미사)/-ics(학문)
- **genuine** 진짜의, 참된 ▷ genu(출생)+ine(형용사 접미사)
- **generation** 세대, 발생 ▷ gene(출생)+rat(동사 접미사)+ion(명사 접미사)

[연결 관계 파악]

1 위 글의 흐름으로 보아, ⓐ~ⓔ 중에서 주어진 문장이 들어가기에 가장 적절한 곳은?

> This tradition became popular in Germany, too.

① ⓐ   ② ⓑ   ③ ⓒ   ④ ⓓ   ⑤ ⓔ

[세부 내용 파악]

2 위 글을 읽고 답할 수 없는 질문은?

① Who first started putting candles on cakes?

② What was the meaning of a candle to Germans?

③ How many candles did Germans put on cakes?

④ In what country was smoke thought to carry a wish?

⑤ What did round cakes mean to the ancient Greeks?

[세부 내용 파악]

3 위 글의 내용과 일치하도록 빈칸에 적절한 말을 찾아 쓰시오.

> The ancient Greeks baked round cakes to stand for _____.

Voca Quiz

4 빈칸에 들어갈 단어를 위 글에서 찾아 쓰시오.

a. 'Elders first' is a good Korean custom which shows our _____ to older people.

b. It is said that the four leaves of a clover _____ faith, hope, love, and luck.

Key Words   blow out 불어서 끄다   candle 양초   tradition 전통   pass down 전하다   generation 세대   for generations 몇 대에 걸쳐, 오랜 세월에 걸쳐   go back to ~로 거슬러 올라가다   ancient 고대의   Greek 그리스인   respect 존경   represent 상징하다, 나타내다   moonlight 달빛   religious 종교적인   reason 이유   German 독일인   ⓞ stand for ~을 상징하다

Day 10

Story A:
nature

지문 듣기

Do you know there are green invaders in your backyard? They are not from space, but from other countries. For a long time, people traveling to other countries have carried with them and brought in seeds, plants, flowers, and vegetables from their home countries. Now the huge number of non-native plants is threatening native plants. This has brought ⓐan unexpected problem to other neighbors in the backyard: insects. Scientists say that 90 percent of plant-eating insects are in danger because they only feed on certain, mostly native, plants. Orange-and-black monarch caterpillars, for example, can only eat milkweed. Less milkweed means fewer caterpillars and ⓑthis means fewer birds. The trouble goes across the food web.

*orange-and-black monarch 주황검정나방
*caterpillar 애벌레 *milkweed 박주가리

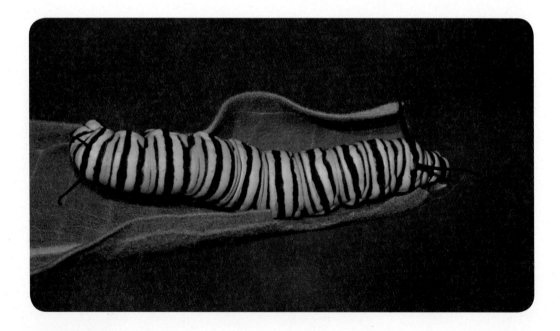

Word tip
다양한 곤충의 이름
- mosquito 모기
- grasshopper 메뚜기
- cricket 귀뚜라미
- butterfly 나비
- spider 거미
- mayfly 하루살이
- dragonfly 잠자리
- mantis 사마귀
- ladybug 무당벌레

⟳ 정답과 해설 20쪽

1 [제목 파악]

위 글의 제목으로 가장 적절한 것은?

① What We Can Do to Save Nature

② How Bugs Destroy Your Green Garden

③ The Food Web: Where the Problems Begin

④ Problems That Plants from Other Places Cause

⑤ Why the Number of Endangered Animals Is Increasing

2 [어구 의미 추론]

위 글의 밑줄 친 ⓐan unexpected problem이 의미하는 바를 우리말로 쓰시오.

3 [지칭어 추론]

위 글의 밑줄 친 ⓑthis가 가리키는 것은?

① 침입 식물이 토착 식물을 위협하는 것

② 초식 곤충들이 대개 특정한 토착 식물만 먹는 것

③ 주황검정나방 애벌레가 박주가리만 먹을 수 있는 것

④ 박주가리 수가 줄어서 애벌레 수도 줄어드는 것

⑤ 새의 수가 줄어서 먹이그물이 파괴되는 것

4 [Voca Quiz]

빈칸에 들어갈 단어를 위 글에서 찾아 쓰시오. (필요한 경우 형태를 바꿀 것)

a. Plants take in water and minerals through roots and _____ them to leaves.

b. Climate change _____ a lot of animals, and many of them are endangered.

Key Words   invader 침입자 backyard 뒤뜰 space 우주 carry 운반하다, 옮기다 seed 씨앗 huge 거대한 threaten 위협하다 native 토착의 unexpected 예상치 못한 neighbor 이웃 insect 곤충, 벌레 in danger 위험에 처한 feed on ~을 먹다 mostly 대부분 food web 먹이그물 ➊ destroy 파괴하다 endangered 멸종 위기에 처한

지문 듣기

Today, almost everyone uses some sort of SNS (Social Networking Service) to communicate with other people. With an SNS, we can get in contact with people whom we cannot see often and with those we see almost every day. Through their posts online, we can easily find out what and how they are doing. It seems like we are closely connected to each other. _____, can SNSs really show what people think and feel inside? People do not usually post exactly how they feel or what they think. Even if they do, it is hard to be 100% truthful as they worry that other people might criticize them. Although SNSs provide an easy way to communicate with a person, face-to-face communication is still needed to get to know that person really well.

Word tip

〈함께〉라는 의미를 만드는 com-
- **company** 회사   ▷ com(함께)+pan(빵)+y(명사 접미사)
- **compile** (자료를) 수집하다   ▷ com(함께)+pile(쌓아올리다)
- **compromise** 타협(하다)   ▷ com(함께)+promise(약속하다)

Comprehension Check

1

위 글의 빈칸에 들어갈 말로 가장 적절한 것은?

① In fact   ② However   ③ Therefore

④ For example   ⑤ As a result

2 〔요지 파악〕

위 글의 글쓴이의 주장으로 가장 적절한 것은?

① SNS를 적절하게 사용할 필요가 있다.

② SNS를 통해 관계가 돈독해질 수 있다.

③ 사람들은 익명으로 글을 쓰는 것을 좋아한다.

④ SNS에 자신의 감정과 생각을 고스란히 나타내야 한다.

⑤ 상대방을 온전히 알기 위해서는 직접적인 의사소통이 필요하다.

3 〔어구 의미 추론〕

다음 대화의 밑줄 친 부분과 바꾸어 쓸 수 있는 말을 위 글에서 찾아 쓰시오.

> A: I can't get a hold of Sally. I already sent three messages to her SNS account.
>
> B: Well, why don't you give her a call?

4 Voca Quiz

빈칸에 들어갈 단어를 위 글에서 찾아 쓰시오. (필요한 경우 형태를 바꿀 것)

a. I go to an international school. We _____ in English because we all speak different languages.

b. The new tax policy is ineffective. The lawmakers have been _____ for it.

Key Words   communicate 의사소통하다   get in contact with ~와 연락하다   post 게시물; 게시하다   closely 가깝게, 친밀하게   connect 연결하다. 이어지다   inside ~의 속에, 안에   truthful 진실한, 정직한   criticize 비판하다   face-to-face 마주보는, 대면하는

ⓠ get a hold of 연락을 취하다; 붙잡다   account 계정   give a call 전화하다

Bananas could someday take the place of potatoes in some developing countries. Climate change may make bananas an important food source for millions of people in the near future. A United Nations' committee has studied the possible impact of climate change on significant crops. The report shows that potatoes grow best in cooler climates and that potato crops may die under higher temperatures. Yet, there is (A) a silver lining to all this. The changes can provide a way for bananas to _____(B)_____ while potatoes and other crops become endangered in future food markets. Bananas are not necessarily a silver bullet, but in places where temperatures increase, they might be the only choice that farmers have.   *silver bullet 묘안, 묘책

> **Word tip**
>
> **silver가 들어간 관용적 표현**
> - a silver lining 불행 속의 한 가닥 희망
> - a silver bullet 묘안, 묘책
> - be born with a silver spoon in one's mouth 복을 타고나다
> - a silver-tongued man 언변이 좋은 사람

⊃ 정답과 해설 22쪽

1 [어구 의미 추론]
위 글의 밑줄 친 (A) a silver lining의 의미로 가장 적절한 것은?

① the bright side of a problem

② the negative effect of a problem

③ the most difficult part of a problem

④ the reason why a problem was caused

⑤ the thing that made a problem more difficult

2 [빈칸 완성]
위 글의 빈칸 (B)에 들어갈 말로 가장 적절한 것은?

① die   ② survive

③ pass out   ④ run away

⑤ decrease fast

3 [인과 관계 파악]
다음 질문에 대한 답을 위 글에서 찾아 완성하시오.

Q: Why does the report say that potatoes may suffer at high temperatures?
A: It's because they _____.

Voca Quiz

4 빈칸에 들어갈 단어를 위 글에서 찾아 쓰시오.

a. Smoking has a bad _____ on people's health.

b. Some countries in Europe _____ free college education for citizens.

Key Words   take the place of ~을 대신하다 developing country 개발도상국 climate 기후
source 원천 millions of 수백만의, 수많은 committee 위원회 impact 영향
significant 주요한 crop 작물 provide 제공하다 endangered 멸종 위기에 처한
necessarily 반드시, 필연적으로 ❶ negative 부정적인 effect 결과, 효과 survive 살
아남다

지문 듣기

Lloyd Toone, an artist, once made African-style masks with old shoe soles. From that time on, he has been interested in using other materials to create his art. "I take such pleasure in creating art from discarded objects!" Toone says. When he travels, Toone notices how people in other countries use <u>discarded objects</u>. "I saw some boys on the beach in Bali, in Indonesia, playing with a toy car. When they got closer, I saw that it was made from empty water bottles and sticks of bamboo. In Jamaica, I was _____ to see people weaving baskets from telephone wires that had blown down during a hurricane." "I admire the way creative people make do with whatever their environment provides," Toone says.

Word tip

〈명사〉를 만드는 -ure
- please 기쁘게 하다 → pleasure 기쁨
- create 창조하다 → creature 창조물, 생명체
- fail 실패하다 → failure 실패

Comprehension Check

1 빈칸 완성

위 글의 빈칸에 들어갈 말로 가장 적절한 것은?

① angry   ② relaxed   ③ worried

④ delighted   ⑤ disappointed

2 지칭어 추론

위 글의 밑줄 친 discarded objects의 예로 제시된 것을 바르게 짝지은 것은?

> ⓐ masks   ⓑ toy cars   ⓒ empty water bottles
> ⓓ telephone wires   ⓔ bamboo sticks

① ⓐ, ⓒ   ② ⓐ, ⓑ   ③ ⓑ, ⓒ

④ ⓐ, ⓒ, ⓔ   ⑤ ⓒ, ⓓ, ⓔ

3 세부 내용 파악

다음 빈칸에 적절한 말을 위 글에서 찾아 쓰시오.

> Lloyd Toone has much interest in _____ _____ with discarded objects.

4 Voca Quiz

빈칸에 들어갈 단어를 위 글에서 찾아 쓰시오.

a. The boots are not slippery because they have thick rubber _____.

b. She likes helping others, so she gets _____ from helping them.

Key Words   sole (신발의) 밑창   material 재료   create 창조하다   pleasure 기쁨   discarded 버려진   object 물건, 물체   notice 살피다, 주목하다   bottle 병   bamboo 대나무   weave 짜다, 엮다   wire 줄, 전선   blow down (바람이 불어) 넘어뜨리다   admire 존경하다   creative 창조적인, 창의적인   make do with (만족스럽지는 않지만 ~으로) 임시변통하다, 견디다   whatever 무엇이든지   environment 환경   provide 제공하다   ❶ relaxed 편안한   delighted 기쁜   disappointed 실망한

Day 12

Story A:
music

지문 듣기

The blues was born out of the hardships that Afro- and African-Americans had to endure. They had to work in the fields from sunrise to sunset.

(A) Many of these songs had a call-and-response pattern. In ⓐit, one person led by singing a <u>line</u> and then others repeated or answered ⓑit in song.

(B) After the freeing of slaves in 1863, Afro- and African-Americans kept their work songs, but they were also exposed to European music through their churches. The old African melodies, combined with the musical styles of Europe, developed into the form of music we know today as blues.

(C) While working, they expressed their sorrow by singing old melodies from Africa. In the work-song tradition of their former homeland, workers sang together.

Word tip

〈from ~ to ...〉 형태의 표현
- **from sunrise to sunset** 해가 떠서 해가 질 때까지(하루 종일)
- **from the cradle to the grave** 요람에서 무덤까지(평생 동안)
- **from A to Z** A부터 Z까지(하나에서 열까지 다)

[전후 관계 파악]

1 주어진 글 다음에 이어질 글의 순서로 가장 적절한 것은?

① (A) – (C) – (B) ② (B) – (A) – (C) ③ (B) – (C) – (A)

④ (C) – (A) – (B) ⑤ (C) – (B) – (A)

[낱말 의미 파악]

2 위 글의 밑줄 친 line과 같은 의미로 쓰인 것은?

① The people were waiting in line.

② Cut the paper along the dotted line.

③ I drew a straight line down the page.

④ We hung the wet clothes on the line.

⑤ She hummed a line from a popular song.

[지칭어 추론]

3 위 글에서 ⓐ, ⓑ의 밑줄 친 it이 각각 가리키는 것을 찾아 쓰시오.

ⓐ: _____

ⓑ: _____

Voca Quiz

4 빈칸에 들어갈 단어를 위 글에서 찾아 쓰시오. (필요한 경우 형태를 바꿀 것)

a. They treated the man like a _____. They made him work all day without pay.

b. The town, which used to be quiet, _____ into a city in a short time.

Key Words   hardship 고난, 역경   Afro- and African-American 아프리카계 미국 흑인   endure 견디다, 참다   response 대답, 응답   pattern 패턴, 유형   lead 이끌다(-led-led)   line (노래의) 가사   repeat 반복하다   free 해방시키다, 풀어주다   slave 노예   be exposed to ~에 노출되다   combine 결합하다, 합치다   develop 발전하다   express 표현하다   sorrow 슬픔   tradition 전통   former 이전의   homeland 고향, 고국   ⓞ dotted line 점선   straight line 직선   hum (노래를) 흥얼거리다, 콧노래하다

The Great Wall of China, which spans about 4,000 miles, is known as the longest man-made structure on Earth. Although it was built a long time ago, much of the Great Wall still stands. It was built over time by many different emperors to protect their empires. Emperors first started building walls in the 5th century B.C. At the beginning, ⓐ they had their people use stone, rock, and even soil and grass to build them. Over time, they developed better methods with better materials. Most of the Great Wall of China that we can see today was built in the 16th century. They used bricks to construct it. Since bricks were strong and small, workers could easily and quickly carry ⓑ them. It became the inner line of defense against the nomadic Mongols. The wall was totally (their, protecting, in, empire, effective).

Word tip

〈-made〉가 들어간 합성어
- a man-made satellite 인공위성
- a home-made meal 가정식
- a ready-made suit 기성복

Comprehension Check

1
지칭어 추론

위 글의 밑줄 친 ⓐ, ⓑ가 가리키는 것으로 가장 적절한 것은?

	ⓐ		ⓑ			ⓐ		ⓑ

① emperors ····· bricks   ② emperors ····· workers

③ emperors ····· Mongols   ④ empires ····· workers

⑤ empires ····· bricks

2
낱말 의미 파악

위 글의 밑줄 친 Since와 같은 의미로 쓰인 것은?

① We've lived here since 1994.

② It has been two years since I left school.

③ He hasn't eaten anything since yesterday.

④ They left on Monday, since when we have heard nothing.

⑤ Since we live in the Digital Era, we should get used to digital devices.

3
어구의 활용

위 글의 괄호 안에 주어진 어구를 바르게 배열하여 문장을 완성하시오.

The wall was totally _____ .

Voca Quiz

4
빈칸에 들어갈 단어를 위 글에서 찾아 쓰시오. (필요한 경우 형태를 바꿀 것)

a. An _____ is a man who rules an empire.

b. The quality of a product depends on the quality of the _____ .

Key Words   span ~에 걸쳐 이어지다   be known as ~로 알려지다   man-made 인간이 만든 structure 구조(물)   emperor 황제   protect 지키다   empire 제국   method 방법   material 재료   brick 벽돌   construct 건설하다   defense 방어, 수비   nomadic 유목의   Mongols 몽골족   totally 전적으로   effective 효과적인   ⓠ get used to ~에 익숙해지다

Are you familiar with the term "simile"? Not smile. (A) <u>It</u> is a technique used mainly in poetry where you compare two different things using "like" or "as." For example, in the illustrated conversation, the girl compares her mind to a burning log. Here is a poem using the "simile" technique.

My mom

My mom is like an alarm clock.

She wakes me up exactly at 7 in the morning.

My mom's voice is like the sound of a train.

Whenever she calls my name, I hear it loud and clear.

My mom is _____(B)_____.

When she hugs me, I feel cozy.

Word tip

term의 다양한 의미

1. 용어: **a scientific term** 과학 용어
2. 학기: **the end of the term** 학기 말
3. 기간: **the president's term** 대통령의 임기
4. 관계: **on good terms with** ~와 친한 관계

⊃ 정답과 해설 26쪽

1 [세부 내용 파악]

다음 중 위 글에서 소개한 기법이 사용되지 <u>않은</u> 것은?

① I like when you smile.

② He is as slow as a turtle.

③ Your eyes shine like stars.

④ You run as fast as a cheetah.

⑤ Her mind is like a calm pond.

2 [어법성 판단]

위 글의 (A)It과 쓰임이 같은 것은?

① What time is <u>it</u> now?

② <u>It</u> is good to help each other.

③ <u>It</u> is about 4km from here to my house.

④ She bought me a novel. I'm reading <u>it</u> now.

⑤ <u>It</u> was Tom that I met yesterday at the park.

3 [빈칸 완성]

위 글의 빈칸 (B)에 들어갈 말을 주어진 단어들을 사용하여 완성하시오.

soft   blanket   My mom is _____.

4 Voca Quiz

빈칸에 들어갈 단어를 위 글에서 찾아 쓰시오.

a. I have lived here my whole life. I'm _____ with the neighborhood.

b. They talked seriously for a long time so I couldn't interrupt their

_____.

Key Words	be familiar with ~에 익숙하다 simile 직유 technique 기법, 기술 mainly 주로 poetry (집합적) 시 compare 비교하다 illustrated 삽화가 들어 있는 conversation 대화 log 장작 poem (한 편의) 시 exactly 정확히 whenever ~할 때마다 hug 껴 안다 cozy 아늑한 ◐ turtle 거북 shine 빛나다 calm 잔잔한 pond 연못 blanket 담요

Let's suppose that you ate a ham and cheese sandwich for lunch. Do you know what happens in your body next? When the sandwich enters your mouth, it (A) breaks/is broken down into small pieces by chewing, while the food mixes with saliva. Saliva has an important role in starch digestion. After the food undergoes starch digestion in your mouth, it travels down to your stomach. Your stomach works to break down the food into smaller pieces. Here, a protein digestion starts, which means ingredients in the sandwich turn into pieces (B) small enough/enough small for your body to make energy with. After some time the food becomes a thick liquid, which is ready (C) to absorb/to be absorbed into your blood. The next part of the lecture is about the process of absorbing.

*starch 탄수화물, 녹말

Word tip

〈영양소〉를 나타내는 말

- **starch** 탄수화물, 녹말
- **protein** 단백질
- **fat** 지방
- **mineral** 무기질
- **vitamin** 비타민
- **fiber** 섬유질

1 (A), (B), (C)의 각 네모 안에서 어법에 맞는 표현으로 가장 적절한 것은?

(A)	(B)	(C)
① breaks	····· enough small	····· to absorb
② breaks	····· enough small	····· to be absorbed
③ breaks	····· small enough	····· to absorb
④ is broken	····· small enough	····· to be absorbed
⑤ is broken	····· enough small	····· to absorb

2 위 글 다음에 이어질 내용으로 가장 적절한 것은?

① 단백질 소화의 과정   ② 소화의 각 단계의 특징

③ 음식의 종류와 소화시간   ④ 침에 들어 있는 소화 성분

⑤ 소화된 음식의 영양소 흡수

3 위 글의 내용을 다음과 같이 표로 정리할 때, 빈칸에 적절한 말을 위 글에서 찾아 쓰시오.

Mouth	Stomach
(1) _____ digestion	(2) _____ digestion (3) becoming a _____ liquid

4 빈칸에 들어갈 단어를 위 글에서 찾아 쓰시오. (필요한 경우 형태를 바꿀 것)

a. Roots _____ water and minerals from the soil for plants.

b. The stomach is where _____ happens.

Key Words   suppose 가정하다, 생각하다   break down into ~로 분해하다   chew 씹다   saliva 침 digestion 소화   undergo 겪다   stomach 위, 위장   protein 단백질   ingredient 재료, 성분   thick 진한, 걸쭉한   liquid 액체   absorb 흡수하다   lecture 강의   process 절차

지문 듣기

Nobody knows for sure how sleep works. Many scientists say that people sleep in order to dream. Dreams are the brain's way of balancing emotions. _____(A)_____, if people don't get enough dreams from sleep, they suffer from emotional problems. Dreams resolve the anxieties and emotions that cannot be expressed in everyday life and restore mental balance. Freud believed that anxiety dreams actually expressed people's anger that was hidden inside. _____(B)_____, superstition says that anxiety dreams have a different meaning, showing that a worry will be relieved very soon. In some ways, it is true, because by expressing your fears in your dreams, you come a little closer to overcoming your hidden fears.

Word tip

solve에서 파생된 어휘
- **solution** 해결책
- **resolve** 해결하다, (굳게) 결심하다
- **dissolve** 용해하다, 녹이다
- **resolution** 결심, 결의안

Comprehension Check

1 [연결 관계 파악]
위 글의 빈칸 (A)와 (B)에 들어갈 말로 가장 적절한 것은?

(A)	(B)		(A)	(B)
① However	⋯⋯ So		② Besides	⋯⋯ So
③ Besides	⋯⋯ However		④ So	⋯⋯ However
⑤ So	⋯⋯ Besides			

2 [주제 파악]
위 글의 주제로 가장 적절한 것은?

① 충분한 수면의 필요성
② 적당한 일일 수면 시간
③ 불안을 해결하는 다양한 방법
④ 꿈을 많이 꾸는 것의 장점과 단점
⑤ 감정적인 문제 해결에 있어서 꿈의 역할

3 [세부 내용 파악]
다음 질문에 대한 답을 위 글에서 찾아 우리말로 쓰시오.

> Q: What does superstition say about anxiety dreams?

_____

4 [Voca Quiz]
빈칸에 들어갈 단어를 위 글에서 찾아 쓰시오.

a. I had an _____ conflict in my mind.

b. _____ is a feeling of nervousness or worry.

Key Words   for sure 확실히, 틀림없이   balance 균형을 맞추다; 균형   emotion 감정   suffer from ~로 고통을 겪다   emotional 감정적인   resolve 해결하다   anxiety 불안감, 걱정   express 표현하다   restore 회복시키다   mental 정신적인   anger 분노   hidden 숨겨진   superstition 미신   relieve 덜어주다   fear 두려움   overcome 극복하다

지문 듣기

Rubber Duck is one of several giant (A) floating / floated sculptures designed by Dutch artist Florentijn Hofman. ⓐ These were built in various sizes. The creator of the giant rubber duck, Hofman, (B) trying / tried to entertain the world on a tour (C) naming / named "Spreading Joy Around the World," which started in 2007. ⓑ He aimed to remind people of their childhood memories by exhibiting the duck in 14 cities, starting in Amsterdam, Netherlands. ⓒ The giant rubber duck was constructed with more than 200 pieces of PVC. ⓓ There is an opening at the back of the body so that staff can perform a body check of the rubber duck. ⓔ In addition, there is an electric fan in its body so that it can be pumped up at any time, in either good or bad weather.

*PVC 폴리염화비닐

Word tip

〈국민〉을 나타내는 어휘
- **Dutch** 네덜란드인(의)
- **French** 프랑스인(의)
- **Swiss** 스위스인(의)
- **Danish** 덴마크인(의)
- **Swedish** 스웨덴인(의)
- **Portuguese** 포르투갈인(의)

Comprehension Check

⊃ 정답과 해설 29쪽

1 [어법성 판단]

(A), (B), (C)의 각 네모 안에서 어법에 맞는 표현으로 가장 적절한 것은?

(A)	(B)	(C)
① floating	······ trying	······ naming
② floated	······ trying	······ named
③ floating	······ tried	······ named
④ floated	······ tried	······ named
⑤ floating	······ tried	······ naming

2 [세부 내용 파악]

위 글의 ⓐ~ⓔ 중에서 다음 질문에 대한 대답으로 가장 적절한 문장은?

Q: What are the rubber ducks made of?

① ⓐ   ② ⓑ   ③ ⓒ   ④ ⓓ   ⑤ ⓔ

3 [세부 내용 파악]

Rubber Duck의 몸체에 구멍이 있는 이유를 위 글에서 찾아 우리말로 쓰시오.

_____

4 Voca Quiz

빈칸에 들어갈 단어를 위 글에서 찾아 쓰시오. (필요한 경우 형태를 바꿀 것)

a. Ann is on the boat _____ on the river with her friend.

b. When a show _____ you, it amuses you, interests you, or gives you pleasure.

Key Words rubber 고무 giant 거대한 float (물에) 뜨다 sculpture 조형물 creator 창작자 entertain 즐겁게 하다 aim 목표로 하다 remind A of B A에게 B를 상기시키다 memory 추억, 기억 exhibit 전시하다 construct 세우다, 건설하다 opening 구멍 perform 수행하다 electric 전기의 pump 펌프로 공기를 넣다

지문 듣기

When Alexander the Great conquered West Asia, artists travelled around the empire and exchanged ideas about _____. That is how the first Greek stone statues came to India, where Indian artists quickly used Greek methods to carve statues of the Buddha. Soon Buddhists travelling to China brought the stone statues with them, and artists in China also began to carve life-sized stone statues. The rise of the Roman Empire spread Greek art skills to the West as well, so artists in northern Europe also began to create art in the Greek style. By around 200 AD, Roman artists were beginning to try a more abstract, less real-looking style, where they carved statues with big eyes to show that they had a strong soul.

Word tip

철자가 비슷하여 혼동하기 쉬운 단어

▪ **status** 지위, 상태 ▪ **statue** 조각상 ▪ **stature** (사람의) 키, 신장 ▪ **statute** 법령, 법규

Comprehension Check

1 빈칸 완성

위 글의 흐름상 빈칸에 가장 알맞은 것은?

① art   ② a map   ③ music

④ religion   ⑤ architecture

2 주제 파악

위 글의 주제로 가장 적절한 것은?

① the spread of Greek art

② the details of Greek art

③ the beginnings of Greek art

④ the influence of Buddhism on art

⑤ the different styles of Roman artists

3 세부 내용 파악

다음 질문에 대한 답을 위 글에서 찾아 완성하시오.

Q: Who brought the Greek art style to China?
A: _____ did it.

4 Voca Quiz

다음 단어의 뜻풀이를 찾아 연결하시오.

a. statue ·   · ① to take complete control of a country

b. abstract ·   · ② a large sculpture of a person or an animal

c. conquer ·   · ③ based on ideas rather than real events

Key Words   conquer 정복하다   empire 제국   exchange 교환하다   statue 조각상   method 방법   carve 조각하다   Buddhist 불교신자   life-sized 실물 크기의   spread 전파하다 (-spread-spread)   as well 또한, 역시   abstract 추상적인   soul 영혼   ① religion 종교   architecture 건축(술)   detail 세부사항   influence 영향

Radio DJ : Today, Dr. Brown is here to talk about health problems. Welcome, Doctor.

Dr. Brown: Thank you for inviting me.

Radio DJ : A 16-year-old girl sent us an email. She has been under a lot of stress due to finals, so she started to have late-night snacks. Now, she cannot sleep without eating at night. In the morning, she feels too full to eat so she often skips breakfast and eats irregularly through the day.

Dr. Brown: Many people suffer from this syndrome, called "Night Eating Syndrome." People with a lot of stress usually have this problem. Eating at night is bad, not only because you gain weight, but because you cannot sleep well.

Radio DJ : Then what solutions can you offer?

Word tip

〈지나치게〉를 뜻하는 접두사 over-
- **overweight** 과체중의
- **overeat** 과식하다
- **overestimate** 과대평가하다
- **overwork** 과로하다
- **overdose** 과다복용하다
- **oversupply** 과잉 공급하다

1 내용 추론

위 글의 마지막 질문에 대한 응답으로 가장 적절한 것은?

① You should eat snacks.

② You should exercise at night.

③ You should eat just before bedtime.

④ You should skip breakfast as often as possible.

⑤ You should eat regularly and avoid eating at night.

2 세부 내용 파악

다음 질문에 대한 답을 우리말로 쓰시오.

> Q: Who usually goes through "Night Eating Syndrome"?

_____

3 세부 내용 파악

다음 빈칸에 적절한 말을 위 글에서 찾아 쓰시오.

> Q: Can you tell me why eating at night is bad?
> A: It's because _____ and _____.

4 Voca Quiz

빈칸에 들어갈 단어를 위 글에서 찾아 쓰시오. (필요한 경우 형태를 바꿀 것)

a. Because of work problems, Susan is losing her hair these days. She is under a lot of _____.

b. You shouldn't _____ breakfast. It's not good for your health.

Key Words stress 스트레스 due to ~ 때문에 final 기말고사 snack 간식 skip 거르다 irregularly 불규칙적으로 suffer from ~로 고통받다 syndrome 증후군 gain weight 몸무게가 늘다 solution 해결책 offer 제시하다 ⓪ exercise 운동하다 bedtime 취침 시간 regularly 규칙적으로 avoid 피하다

지문 듣기

Since the "Broken Windows Theory" was introduced by two sociologists, James Wilson and George Kelling, this theory has been (A) adopted / rejected by small towns as well as big cities like New York. ⓐ According to this theory, if broken windows are not replaced, people think that nobody cares about the city. ⓑ As a result, serious crimes are more likely to happen. ⓒ Not many people wanted to replace their broken windows. ⓓ After it was introduced, city governments replaced broken windows and erased graffiti in subway stations. ⓔ The results were successful. Crime rates (B) rose / dropped dramatically during the 1990s in New York City. Although some people don't believe in the relationship between broken windows and crime rates, their theory still remains (C) influential / uninfluential .

Word tip

〈전문 직종 종사자〉를 나타내는 접미사 -ist
- sociologist 사회학자
- psychologist 심리학자
- criminologist 범죄학자
- scientist 과학자
- biologist 생물학자
- physicist 물리학자

➲ 정답과 해설 32쪽

[어휘의 활용]

1 (A), (B), (C)의 각 네모 안에서 문맥에 맞는 표현으로 가장 적절한 것은?

(A)	(B)	(C)
① adopted	dropped	influential
② adopted	dropped	uninfluential
③ rejected	rose	influential
④ rejected	dropped	influential
⑤ rejected	rose	uninfluential

[무관한 문장 파악]

2 위 글의 흐름으로 보아, ⓐ~ⓔ 중에서 전체 흐름과 관계 <u>없는</u> 문장은?

① ⓐ   ② ⓑ   ③ ⓒ   ④ ⓓ   ⑤ ⓔ

[지칭어 추론]

3 위 글에서 밑줄 친 it이 가리키는 것을 찾아 쓰시오.

_____

Voca Quiz

4 빈칸에 들어갈 단어를 위 글에서 찾아 쓰시오. (필요한 경우 형태를 바꿀 것)

a. When Galileo introduced his _____ that the earth moves around the sun, not many people believed him.

b. The blackboard is dirty. Can you _____ it?

Key Words   theory 이론   introduce 소개하다, 도입하다   sociologist 사회학자   adopt 채택하다 according to ~에 의하면   replace 교체하다   as a result 그 결과, 결과적으로   serious 심각한   crime 범죄   happen 일어나다   erase 지우다   graffiti 낙서   successful 성공적인   rate 비율, 속도   rise 오르다(-rose-risen)   dramatically 극적으로   relationship 관계   influential 영향력 있는

There was no light except the light from the flashlight. It was so quiet that the sound of his footsteps echoed through the hallway. Tim was (A)<u>sweat</u>. The silence sent chills down his spine. All of this started because of the bet with Jenny. When Jenny told Tim about a ghost that appears in their classroom every night at 10 p.m., he laughed at her. He told her that he did not believe in ghosts and he would prove <u>it</u> wrong. He regretted his words. Finally, he arrived at the classroom. He grabbed the handle with a (B)<u>shake</u> hand. When he was about to turn the handle, the clock in the hallway rang. At the sound of the clock, Tim screamed and started running towards the front door.

Word tip

〈공포〉와 관련된 표현

- **send chills down one's spine** 간담을 서늘하게 하다
- **scared to death** 무서워 죽을 것 같은
- **as white as a sheet** 얼굴이 백지장 같은
- **break (out) into a cold sweat** 식은땀을 흘리다

Comprehension Check

1 심경 파악

위 글에 나타난 Tim의 심경으로 가장 적절한 것은?

① jealous   ② proud   ③ excited
④ frightened   ⑤ disappointed

2 지칭어 추론

위 글의 밑줄 친 it이 가리키는 내용을 우리말로 쓰시오.

_____

3 어법성 판단

위 글의 밑줄 친 (A), (B)의 형태로 가장 적절한 것은?

	(A)		(B)
①	sweated	·····	shaken
②	to sweat	·····	shaken
③	sweating	·····	shaken
④	sweated	·····	shaking
⑤	sweating	·····	shaking

Voca Quiz

4 빈칸에 들어갈 단어를 위 글에서 찾아 쓰시오. (필요한 경우 형태를 바꿀 것)

a. Sitting up straight is important for your _____.

b. When you enter the bank, _____ a number and wait until your number is called.

Key Words except ~을 제외하고 footstep 발자국 echo 울리다, 메아리치다 hallway 복도 sweat 땀을 흘리다; 땀 silence 적막, 고요 chill 냉기, 오한 spine 척추 bet 내기 appear 나타나다 prove 증명하다, 입증하다 regret 후회하다 grab 움켜쥐다 scream 소리 지르다 ⓐ jealous 질투하는 proud 자랑스러워하는 frightened 겁먹은 disappointed 실망한

Day 17

Story A:
statistics

지문 듣기

The graph shows the number of European people from the 1100s to the 1600s. ⓐThe European population grew to almost 85 million, in the middle of the 1300s. _____(A)_____, ⓑit sharply declined after that. Bad weather ruined farms. People got sick because there was not enough food. And one of history's worst plagues, the Black Death, swept over all of Europe. It was devastating. Millions of people died. _____(B)_____, ⓒthe European population steeply declined in the late 1300s. ⓓIn the beginning of the 1400s, after the Black Death, only 50 million people were left alive in Europe. ⓔIt took almost 100 years for the population to return to its highest numbers.

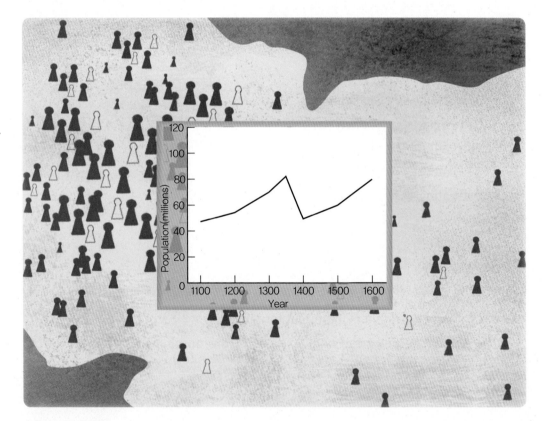

Word tip

⟨반대⟩의 의미를 만드는 **un-**

- **lock** 잠그다 → **unlock** 열다
- **easy** 편안한 → **uneasy** 불안한
- **fortunately** 다행스럽게 → **unfortunately** 불행하게
- **do** 하다 → **undo** 원상태로 되돌리다
- **able** 가능한 → **unable** 불가능한

Comprehension Check

세부 내용 파악

1 위 글의 ⓐ~ⓔ 중에서 도표의 내용과 일치하지 <u>않는</u> 것은?

① ⓐ   ② ⓑ   ③ ⓒ   ④ ⓓ   ⑤ ⓔ

연결 관계 파악

2 위 글의 흐름상, 빈칸 (A), (B)에 들어갈 말로 알맞은 것은?

	(A)		(B)
①	Fortunately	……	Consequently
②	Unfortunately	……	Consequently
③	Therefore	……	Fortunately
④	Therefore	……	Unfortunately
⑤	By the way	……	On the other hand

제목 파악

3 주어진 단어들을 모두 이용하여 위 도표의 제목을 완성하시오.

> Population   in   the   European   Changes

➡ _____

Voca Quiz

4 빈칸에 들어갈 단어를 위 글에서 찾아 쓰시오. (필요한 경우 형태를 바꿀 것)

a. The _____ of a country or area is a total of all the people who live in it.

b. An oil spill would _____ his fishing business.

Key Words   the number of ~의 수   population 인구   sharply 급격하게   decline 감소; 감소하다   ruin 망치다   farm 농장   plague 전염병   the Black Death 흑사병   sweep 휩쓸다(-swept-swept)   devastating 파괴적인   millions of 수백만의, 수많은   steeply 가파르게   ⓠ fortunately 다행히도   consequently 결과적으로   by the way 그런데   on the other hand 반면에, 다른 한편으로는

Story B:
health

지문 듣기

Ergonomics is the study of the relationship between people ⓐ<u>and</u> their surroundings. It provides you ⓑ<u>to</u> practical tips for your health. Just stop and check your posture. Like most people, you are probably bending forward on your seat a little. If you keep ⓒ<u>sitting</u> like that, you will have bad posture. Without practicing good posture, you will eventually feel pain. Keep the following tips in mind and be sure to take good care of ⓓ<u>yourself</u>. When you are at your desk, sit up <u>straight</u> with your shoulders back. And make sure that your feet are on the ground. In addition, when you carry a backpack, tighten the straps so the weight is close to your body. And don't let the bag ⓔ<u>fall down</u> below your waist.

*ergonomics 인체 공학

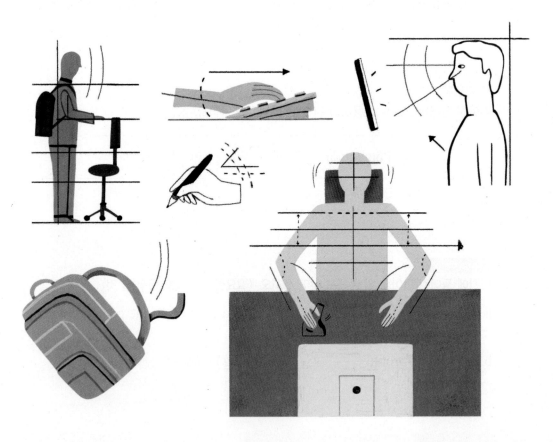

Word tip

〈동작〉을 나타내는 다양한 어휘
- bend 구부리다
- crouch 웅크리다
- crawl 기다
- roll 구르다
- lie 눕다

Comprehension Check

세부 내용 파악

1 위 글의 내용과 일치하지 <u>않는</u> 것은?

① Ergonomics는 인간과 주변 환경의 관계에 대한 연구이다.

② 대부분의 사람들의 앉은 자세는 앞으로 약간 구부정하다.

③ 어깨를 뒤로 젖히고 똑바로 의자에 앉는 것이 좋은 자세이다.

④ 의자에 앉았을 때 두 발을 모두 땅에 대는 것이 좋다.

⑤ 끈을 조여서 배낭을 메면 몸에 무게가 실려 좋지 않다.

어휘 의미 추론

2 위 글의 밑줄 친 straight와 같은 의미로 쓰인 것은?

① They have been working for 3 hours straight.

② He couldn't tell her straight that he liked her.

③ She was so tired yesterday that she went straight to bed.

④ I was so shocked and confused that I couldn't think straight.

⑤ I pulled the back of the chair straight and upright on the plane.

어법성 판단

3 밑줄 친 ⓐ~ⓔ 중에서 어법상 어색한 것을 찾아 바르게 고쳐 쓰시오.

_____ → _____

Voca Quiz

4 빈칸에 들어갈 단어를 위 글에서 찾아 쓰시오.

a. In ballet, good _____ is very important. Always keep in mind to stand straight and do some stretching.

b. David and John often fight. Their _____ is like one between a cat and a dog.

Key Words   relationship 관계   surroundings 주변 환경   provide 제공하다   practical 실용적인
tip 조언, 요령   posture 자세   probably 아마도   bend 구부리다   forward 앞으로
eventually 결국   pain 통증   keep ~ in mind ~을 기억하다   take care of 돌보다
straight 똑바로   make sure 확실하게 하다   in addition 게다가   tighten 조이다
strap 끈   ⓝ shocked 충격을 받은   confused 혼란스러운, 당황한

Day 18

Story A:
story

지문 듣기

One day an infant fell into a neighbor's garden pond. We heard a scream. My neighbor and I dropped our gardening tools and hurried to the pond. A three-year-old girl was at the bottom of the pond. I jumped in, pulled her out and passed her lifeless body to my neighbor. He laid her down, grabbed her ankles, lifted her up and began to swing her around. A few minutes later, water poured from the child's mouth and nose, and she cried. I asked my neighbor where he had learnt to do such a thing. He said he had been a shepherd for 30 years, and when lambs were born 'dead' it was the standard way of making them breathe. Thanks to this old shepherd, that child survived.

Word tip

혼동하기 쉬운 자동사와 타동사
- lie 눕다 / lay 눕히다
- fall 떨어지다 / fell 쓰러뜨리다
- rise 오르다 / raise 들어 올리다
- sit 앉다 / seat 앉히다

1 [전후 관계 파악]

위 글에서 일어난 일을 시간 순서대로 바르게 배열한 것은?

ⓐ  ⓑ ⓒ ⓓ ⓔ

① ⓑ－ⓐ－ⓒ－ⓔ－ⓓ
② ⓑ－ⓒ－ⓔ－ⓐ－ⓓ
③ ⓒ－ⓑ－ⓐ－ⓔ－ⓓ
④ ⓒ－ⓑ－ⓔ－ⓐ－ⓓ
⑤ ⓔ－ⓑ－ⓐ－ⓓ－ⓒ

2 [주제 파악]

위 글의 주제를 다음과 같이 나타낼 때, 빈칸에 주어진 철자로 시작하는 적절한 단어를 쓰시오.

> The importance of e_____

3 [심경 파악]

위 글을 쓴 사람의 심경 변화로 가장 적절한 것은?

① angry → sad
② scared → lonely
③ bored → excited
④ worried → relieved
⑤ nervous → embarrassed

4 Voca Quiz

빈칸에 들어갈 단어를 위 글에서 찾아 쓰시오. (필요한 경우 형태를 바꿀 것)

a. The hitter _____ the bat, but missed the ball.
b. I was so nervous that the sweat _____ down my face.

Key Words infant 유아 neighbor 이웃 scream 비명 소리 tool 도구 bottom 바닥 lifeless 죽은, 생명을 빼앗긴 grab 움켜잡다 ankle 발목 swing ~을 빙글 돌리다; 흔들리다 pour 쏟아지다 shepherd 양치기 lamb 새끼 양 standard 표준의 breathe 숨을 쉬다 thanks to ~덕택에, 덕분에 survive 살아남다, 생존하다 ⓠ scared 겁먹은 bored 지루한 relieved 안도한 nervous 초조한 embarrassed 당황한

지문 듣기

From childhood, George Washington Carver was famous for taking care of plants. He was called the "plant doctor." At the time of George Carver, most people in the southern part of the States grew cotton for a living.

_____(A)_____, cotton plants used up the ⓐnutrients in the soil and made the land ⓑuseless after a few years. This became a big problem for farmers.

_____(B)_____, George Carver knew that peanuts could help the soil become ⓒfertile again. Using his knowledge, he told the farmers to ⓓrotate crops: one year cotton and the next year peanuts. Thanks to his help, the farmers started to ⓔharvest peanuts as well as cotton. By 1940, peanuts became the sixth highest yielding crop in the States.

Word tip

〈부정〉을 나타내는 접미사 **-less**
- **useful** 유용한 ↔ **useless** 쓸모없는
- **meaningful** 의미 있는 ↔ **meaningless** 무의미한
- **hopeful** 희망이 있는 ↔ **hopeless** 희망이 없는

Comprehension Check

연결 관계 파악

1 위 글의 흐름상 빈칸 (A), (B)에 가장 적절한 것은?

(A)	(B)	(A)	(B)
① However	····· Fortunately	② However	····· Unfortunately
③ Fortunately	····· However	④ Unfortunately	····· However
⑤ Therefore	····· As long as		

어휘 의미 파악

2 위 글의 밑줄 친 ⓐ~ⓔ의 영영 뜻풀이가 바르지 <u>않은</u> 것은?

① ⓐ nutrients: substances that help plants and animals grow

② ⓑ useless: not useful

③ ⓒ fertile: being able to support the growth of plants

④ ⓓ rotate: to take turns doing a particular job

⑤ ⓔ harvest: to plant crops

세부 내용 파악

3 다음 질문에 대한 답을 위 글에서 찾아 완성하시오.

> Q: Why were peanuts helpful to the farmers?
>
> A: Because _____.

Voca Quiz

4 빈칸에 들어갈 단어를 위 글에서 찾아 쓰시오.

a. When I look at photo albums, I can remember good memories from my
   _____.

b. Aristotle is famous for his _____ and wisdom. He knew a lot and he
   was wise.

Key Words　childhood 어린 시절　be famous for ~로 유명하다　southern 남쪽의　cotton 목화
use up ~을 다 쓰다　nutrient 영양소　soil 흙　useless 쓸모없는　fertile 비옥한
knowledge 지식　rotate 윤작하다. 교대로 하다　crop 작물　harvest 수확하다　yielding
~의 수확량을 내는　ⓠ fortunately 다행스럽게도　as long as ~하는 한　substance
물질　take turns 교대로 하다　particular 특정한

지문 듣기

Good morning, Hankins Middle School students! Today there's an (A) interesting/interested article about blind tennis in the newspaper. According to the article, some students from California play tennis with their eyes (B) closing/closed. They play on smaller courts with a lower net, and use junior tennis rackets with bigger heads and shorter handles. Moreover, string is taped on the floor, so the players can feel the boundaries of the tennis court under their feet. Most importantly, a special ball helps the players (C) play/playing tennis. The ball is filled with metal beads that make sound. That is how someone who can't see can play tennis. Thanks to someone's brilliant idea, many blind people enjoy playing tennis these days. That's today's morning fun fact. Have a great day at school!

Word tip

〈신문〉과 관련된 어휘
- **article** 기사
- **headline** (1면 머리기사의) 표제
- **frontpage** 신문의 1면
- **section** 신문의 구획난
- **caption** 사진, 삽화 등의 설명

⊃ 정답과 해설 38쪽

어법성 판단

1 (A), (B), (C)의 각 네모 안에서 어법에 맞는 표현으로 가장 적절한 것은?

	(A)	(B)	(C)
①	interesting	⋯⋯ closed	⋯⋯ playing
②	interested	⋯⋯ closed	⋯⋯ playing
③	interesting	⋯⋯ closed	⋯⋯ play
④	interesting	⋯⋯ closing	⋯⋯ play
⑤	interested	⋯⋯ closing	⋯⋯ play

세부 내용 파악

2 위 글의 내용과 일치하는 것은?

① 시각 장애인을 위한 테니스는 Hankins 중학교에서 시작되었다.

② 시각 장애인을 위한 테니스는 일반 테니스와 동일한 라켓을 쓴다.

③ 시각 장애인을 위한 테니스 코트의 경계선은 밟으면 소리가 난다.

④ 시각 장애인들이 테니스를 치는 것을 즐기려면 특별한 공이 필요하다.

⑤ 시각 장애인을 위한 테니스는 아직 대중에게 보급되지 않았다.

세부 내용 파악

3 위 글의 내용과 일치하도록 괄호 안의 말을 바르게 배열하여 문장을 완성하시오.

> The tennis ball is filled with metal beads _____.
> (someone, can't, play tennis, so, that, can, who, see)

Voca Quiz

4 빈칸에 들어갈 단어를 위 글에서 찾아 쓰시오.

a. National _____ are becoming increasingly meaningless in the Global Era.

b. Minwoo is one of the most _____ students in math class. He is very intelligent.

Key Words　article 기사　blind 시각 장애인(인), 눈이 안 보이는　according to ~에 의하면　court 코트, 경기장　moreover 게다가　string 줄　tape 테이프로 붙이다, 고정하다　boundary 경계　importantly 중요하게　be filled with ~로 가득 차다　metal 금속　bead 구슬　thanks to ~ 덕분에　brilliant 훌륭한, 뛰어난　fact 사실

Story B:
information

지문 듣기

Evergreen Youth Hostel is in the center of Greenwich. It is in walking distance from both Greenwich railway stations and it takes about 10-15 minutes to get there.

· From 'Greenwich West' Station:

Turn left and follow the main street (Clifford Street) to the town center. ⓐAt the next corner, where you can see a post office on the left, turn right and follow Central Street. ⓑAt the next intersection (Hotel Savoy is on the corner) turn left and follow Austin Street along the park. ⓒWe are located just at the next roundabout.

· From 'Greenwich East' Station:

Turn right and follow the main street (Hillside Avenue) to the town center. ⓓAt Hotel Du Nord turn right and follow Diamond Street along the park. ⓔWe are located at the second roundabout.

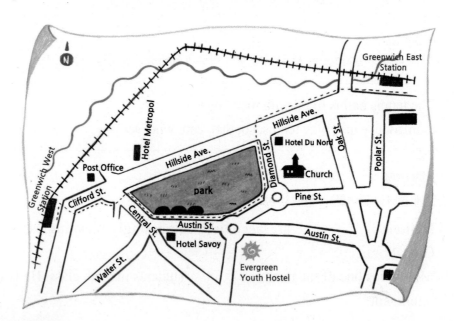

Word tip

〈길 안내〉에 쓰이는 어휘

- **across from** ~의 맞은편에
- **between A and B** A와 B 사이에
- **turn rigtht[left]** 우회전[좌회전]하다
- **near** ~ 근처에
- **direction** 방향, 지시
- **go straight** 직진하다

1 [세부 내용 파악]

위 글의 ⓐ~ⓔ 중에서 지도의 내용과 일치하지 <u>않는</u> 것은?

① ⓐ   ② ⓑ   ③ ⓒ   ④ ⓓ   ⑤ ⓔ

2 [세부 내용 파악]

위 글의 내용에 맞게 빈칸에 적절한 말을 쓰시오.

> There are _____ railway stations in Greenwich. These stations are not far from Evergreen Youth Hostel. If you choose to _____ to the hostel, it takes only about 10−15 minutes.

3 [목적 파악]

위 글의 목적으로 가장 적절한 것은?

① to thank   ② to invite   ③ to inform
④ to advertise   ⑤ to apologize

4 [Voca Quiz]

빈칸에 들어갈 단어를 위 글에서 찾아 쓰시오.

a. The _____ from our house to the gas station is one kilometer.
b. The restaurant is _____ just a few minutes from City Hall.

Key Words   youth hostel 유스호스텔(배낭 여행객이 주로 묵는 저렴한 숙소)   distance 거리   both 둘 다   railway 철도   follow 따라가다   intersection 교차로   along ~을 따라   be located 위치하다   roundabout 로터리   Ⓞ far from ~에서 먼   choose 선택하다   invite 초대하다   inform (정보를) 알려주다   advertise 광고하다   apologize 사과하다

Story A:
household
tips

지문 듣기

Would you know what to do if a fire broke out at your home? Let's say you are preparing dinner for you and your parents while they're at work. When you are setting the table, you begin to smell smoke. Smoke is pouring out of the pan on the burner. (A) What should you do? Calling 119 and following their directions is the best action to take. However, in case that option is not available, take the following steps. First, remember that kitchen fires are usually caused by oil, (B) which cannot be put out with water. Second, put your kitchen gloves on and carefully turn off the burner. Then, hold the lid of the pan toward the fire and slide the lid onto the pan. As you cut off the air from the fire, it should go out soon.

Word tip

out과 함께 쓰이는 동사구

- **break out** 발생하다
- **turn out** 밝혀지다
- **put out** (불을) 끄다
- **find out** 발견하다
- **go out** (불이) 꺼지다
- **run out** 다 떨어지다

Comprehension Check

1 목적 파악

위 글을 쓴 목적으로 가장 적절한 것은?

① 화재의 위험성을 경고하려고

② 화재 시 대처 요령을 알리려고

③ 화재예방 훈련 일정을 공지하려고

④ 화재의 주요 원인을 보도하려고

⑤ 화재 시 대피 장소를 안내하려고

2 세부 내용 파악

위 글의 밑줄 친 (A)의 질문에 대한 답으로 가장 적절한 것은?

① ② ③ ④ ⑤

3 지칭 대상 파악

위 글의 밑줄 친 (B)가 가리키는 것을 우리말로 쓰시오.

_____

4 Voca Quiz

빈칸에 들어갈 단어를 위 글에서 찾아 쓰시오.

a. This automatic cash machine is _____ 24 hours a day, 7 days a week. You can use it whenever you need to.

b. The Korean War _____ out in 1950 and ceased in 1953.

Key Words   break out 발생하다   prepare 준비하다   set the table 식탁을 차리다   smell 냄새를 맡다   pour 쏟아지다   burner 버너, 가열기구   follow 따르다   direction 지시   option 선택 사항   available 이용 가능한   cause ~을 야기하다   put out 불을 끄다   turn off ~을 끄다   hold 잡다   lid 뚜껑   cut off 차단하다, 잘라내다   go out (불이) 꺼지다

What do you judge people from when you meet them for the first time? From what they look like? Or from what they do? According to research, people judge others based on how they speak. People tend to judge not only a person's intelligence, but other parts of his or her personality. _____, some people think that people who speak with a certain accent or speak slowly are not smart. Many people say that they can figure out someone's personality by observing the way they speak. However, this can be problematic with English. English has become a global language that people all over the world use. There is so much variation. When English speakers from other parts of the world meet, they often judge one another unfairly. So, we should keep in mind that judging people based on how they speak is a kind of prejudice.

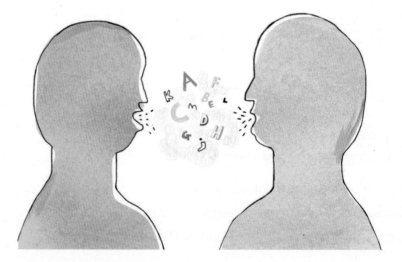

Word tip

〈~와 관련된〉의 형용사를 만드는 -al
- **person** 개인 → **personal** 개인적인
- **magic** 마법 → **magical** 마법에 걸린 듯한
- **globe** 지구본 → **global** 지구의, 세계적인
- **nature** 자연 → **natural** 자연의, 자연적인

⊃ 정답과 해설 41쪽

1 〔 연결 관계 파악 〕

위 글의 빈칸에 들어갈 말로 가장 적절한 것은?

① Finally   ② However   ③ As a result

④ For example   ⑤ At first

2 〔 요지 파악 〕

위 글의 내용과 관련된 속담으로 가장 적절한 것은?

① Look before you leap.

② Two heads are better than one.

③ Don't judge a book by its cover.

④ Birds of a feather flock together.

⑤ Treat others as you wish to be treated.

3 〔 목적 파악 〕

다음 빈칸에 적절한 말을 위 글에서 찾아 쓰시오.

Q: What does the writer want us to remember in this passage?

A: He wants us to remember that _____

_____.

4 〔 Voca Quiz 〕

빈칸에 들어갈 단어를 위 글에서 찾아 쓰시오.

a. The ozone problem is causing _____ warming.

b. He has a _____ against that country. So, he looks down on people from there.

Key Words   judge 판단하다   research 연구, 조사   based on ~에 기초하여   intelligence 지능, 지성   personality 인성, 성격   accent 말씨, 억양   figure out 파악하다   observe 관찰하다   problematic 문제가 있는   global 세계적인   variation 변화, 변형   unfairly 불공평하게   prejudice 편견   ❶ leap 뛰다   feather 깃털   flock 모이다   treat 대하다

Workbook

A 단어 확인

B 영작 훈련

story A culture

A [단어확인]   다음 단어에 해당하는 우리말 뜻을 쓰세요.

1 burn	_____	7 serve	_____
2 candle	_____	8 fortune	_____
3 come to mind	_____	9 string	_____
4 noodle	_____	10 blindfolded	_____
5 symbolize	_____	11 crack	_____
6 certain	_____	12 instead of	_____

B [영작훈련]   괄호 안의 단어들을 올바른 순서로 배열하여 문장을 완성하세요.

1 생일 음식을 생각할 때, 아마 불타는 초들이 꽂힌 생일 케이크가 생각날 것이다. (come to mind, with burning candles, probably, birthday cakes)
When you think of birthday food, _____.

2 중국에서는 사람들이 면발이 긴 국수를 먹는데 그것이 장수를 상징하기 때문이다. (a long life, they, because, symbolize)
In China, people eat long noodles _____.

3 70세 생일 같은 특정한 생일에는 빨간색이 행운을 상징하기 때문에 빨간 달걀이 제공된다. (on, the 70th birthday, like, certain birthdays)
_____, red eggs are served because the color red symbolizes good fortune.

4 멕시코에서는 피냐타가 사탕으로 채워지고 눈가리개를 한 생일을 맞은 아이가 막대로 쳐서 소리를 내며 깨서 열도록 줄에 매달려진다. (a piñata, with, candies, is filled)
In Mexico, _____ and strung up for the blindfolded birthday child to crack open with a stick.

5 생일을 위해 어떤 종류의 음식이 제공되어도, 그것은 좋다! (what kind of food, is served, no matter)
_____ for birthdays, it's good!

A [단어확인]   다음 단어에 해당하는 우리말 뜻을 쓰세요.

1 bedside	_____	**9** focus on	_____
2 the moment	_____	**10** interaction	_____
3 detox	_____	**11** strange	_____
4 electronic	_____	**12** switch off	_____
5 device	_____	**13** reconnect	_____
6 stay away from	_____	**14** uncomfortable	_____
7 opportunity	_____	**15** make an effort	_____
8 reduce	_____	**16** benefit	_____

B [영작훈련]   괄호 안의 단어들을 올바른 순서로 배열하여 문장을 완성하세요.

1 당신은 침대 옆에 스마트폰을 두고 자는가? (your bedside, by, your smartphone, with)

Do you sleep _____?

2 당신은 일어나자마자 이메일을 확인하는가? (wake up, you, the moment)

Do you check your email _____?

3 디지털 디톡스는 어떤 이가 전자장치로부터 떨어져 있는 기간이다. (when, stays away from, a period of time, a person)

A digital detox is _____ electronic devices.

4 그것은 당신에게 스트레스를 줄이고 사회적 상호관계에 초점을 맞출 수 있는 기회를 제공한다. (to reduce stress, social interactions, an opportunity, and, focus on)

It gives you _____.

5 디지털 디톡스를 하면서, 당신은 전화기를 가지고 있기보다 오히려 당신 앞에서 벌어지는 일들을 보려고 노력하게 된다. (to see, you, what is going on, in front of)

On a digital detox, rather than going on your phone, you make an effort

_____.

story A art

A [단어확인]   다음 단어에 해당하는 우리말 뜻을 쓰세요.

1 stick	_____	**9** tiny	_____
2 bottom	_____	**10** lie	_____
3 spit	_____	**11** devote oneself to	_____
4 pavement	_____	**12** meaningful	_____
5 discarded	_____	**13** arrest	_____
6 turn into	_____	**14** extremely	_____
7 create	_____	**15** passionate	_____
8 hundreds of	_____	**16** as long as	_____

B [영작훈련]   괄호 안의 단어들을 올바른 순서로 배열하여 문장을 완성하세요.

1 신발 바닥에 껌 한 조각이 달라붙은 적이 있는가? (gum, have, got, you, a piece of, ever)

_____ stuck on the bottom of your shoe?

2 인도 위의 버려진 껌은 아름다운 예술로 바뀌어왔다. (beautiful, has been turned, art, into)

The discarded chewing gum on the pavement _____.

3 그는 몇 시간 동안 땅바닥에 누워서 의미 있는 작품을 창조해 내는 데 그 자신을 헌신한다.
(creating, devotes, meaningful work, himself, to)

He lies on the ground for hours and _____.

4 그는 과거에 이것을 해서 체포되었다. (for, was arrested, doing, this)

He _____ in the past.

5 사람들이 인도에 껌을 뱉는 것을 지속하는 한 우리는 그의 예술을 즐길 수 있을 것이다. (long, continue, as, as, to spit, people)

We will be able to enjoy his art _____ their chewing gum on the pavement.

A [단어확인]   다음 단어에 해당하는 우리말 뜻을 쓰세요.

1 have ~ in common	_____	**10** hatch	_____
2 trait	_____	**11** lung	_____
3 belong to	_____	**12** breathe	_____
4 vertebrate	_____	**13** surface	_____
5 both	_____	**14** take in	_____
6 backbone	_____	**15** opening	_____
7 mammal	_____	**16** blowhole	_____
8 produce	_____	**17** consider	_____
9 be born	_____	**18** intelligent	_____

B [영작훈련]   괄호 안의 단어들을 올바른 순서로 배열하여 문장을 완성하세요.

1 돌고래와 인간은 많은 특성들을 공유한다. (many traits, in, common, have)

Dolphins and people _____ .

2 그들은 둘 다 척추동물이며, 이는 둘 다 등뼈를 가지고 있음을 의미한다. (they both, means, have, a backbone, which)

They are both vertebrates, _____ .

3 그들은 그들의 새끼를 위해 젖을 만들어내고, 그들의 새끼는 알에서 부화하지 않고 산 채로 태어난다. (their young, from eggs, are born live, not hatched)

They produce milk for their young, and _____ ,

_____ .

4 그것은 분수공이라 불리는 구멍을 통해 공기를 들이마신다. (through, air, an opening, takes in)

It _____ , called a blowhole.

5 돌고래와 인간은 지능이 있는 동물로 생각된다. (considered, animals, intelligent, are)

Dolphins and people _____ .

story Ⓐ law

A [단어확인] 다음 단어에 해당하는 우리말 뜻을 쓰세요.

1 tax	_____	**8** end up	_____
2 government	_____	**9** failure	_____
3 introduce	_____	**10** as a result	_____
4 according to	_____	**11** employee	_____
5 overweight	_____	**12** manufacturer	_____
6 content	_____	**13** negatively	_____
7 abolish	_____	**14** affect	_____

B [영작훈련] 괄호 안의 단어들을 올바른 순서로 배열하여 문장을 완성하세요.

1 만약 버터와 고기 같은 음식들에 세금이 심하게 부과된다면 당신은 어떻게 하겠는가? (if, you, do, would, what)

_____ food like butter and meat were heavily taxed?

2 정부는 사람들이 지방을 덜 먹게 하기 위해 '비만세'를 도입했다. (less fat, people, to make, eat, in order)

The government introduced a "fat tax" _____.

3 지방이 덜 들어있는 식품을 사는 대신에 그들은 더 싼 음식을 사기 위해 스웨덴으로 갔다. (buying, less fatty foods, instead of)

_____, they traveled to Sweden to buy cheaper food.

4 그 결과, 식품 제조사들은 부정적인 영향을 입었다. (were, food manufacturers, affected, negatively)

As a result, _____.

5 그 계획은 결국 실패로 끝나게 되었다. (failure, ended, in, up)

The plan _____.

A [단어확인]   다음 단어에 해당하는 우리말 뜻을 쓰세요.

1	made of	_____	**9**	public	_____
2	donate	_____	**10**	engage	_____
3	local	_____	**11**	community	_____
4	roll up	_____	**12**	raise	_____
5	pack	_____	**13**	awareness	_____
6	wooden	_____	**14**	environmental	_____
7	frame	_____	**15**	concept	_____
8	private	_____	**16**	inform A of B	_____

B [영작훈련]   괄호 안의 단어들을 올바른 순서로 배열하여 문장을 완성하세요.

1 사탕 집에 살아 보는 것을 꿈꾼 적이 있는가? (have, dreamed of, you, ever, living)

_____ in a candy house?

2 사탕 집에 사는 것은 쉽지 않다. (live, in, to, a candy house)

It is not easy _____.

3 15만 부 이상의 기부된 신문지들을 사용해서, Sumer Erek은 신문 집을 만들어냈다. (over 150,000, newspapers, donated, using)

_____, Sumer Erek created

a newspaper house.

4 신문지들을 말기 전에 몇몇 사람들은 개인적인 이야기들을 그것들 위에 썼다. (the newspapers, rolling up, before)

_____, some people wrote

personal stories on them.

5 Sumer Erek은 사적인 공간을 공공의 공간으로 바꿨다. (turned, into, a public space, a private space)

Sumer Erek _____.

story A
science

A [단어확인] 다음 단어에 해당하는 우리말 뜻을 쓰세요.

1 blend	_____	8 steady	_____
2 create	_____	9 peaceful	_____
3 combination	_____	10 distracting	_____
4 block out	_____	11 noise	_____
5 turn on	_____	12 calming	_____
6 drown out	_____	13 relax	_____
7 researcher	_____	14 fall asleep	_____

B [영작훈련] 괄호 안의 단어들을 올바른 순서로 배열하여 문장을 완성하세요.

1 백색 소음은 다른 소리들을 차단하기 위해 종종 쓰인다. (other sounds, to block out, used, is, often)
White noise _____.

2 옆방에서 음성이 들리면, 당신은 선풍기를 켜서 그 소리가 안 들리게 할 수 있다. (to drown out, turn on, a fan, the voices)
If you hear voices from the room next door, you can _____
_____.

3 선풍기는 백색 소음 같은 소음을 만들어낸다. (white noise, like, a noise)
The fan makes _____.

4 백색 소음 같은 꾸준하고 평화로운 소리가 집중을 방해하는 소음을 차단할 수 있다. (as, such, white noise)
A steady peaceful sound, _____, can block out distracting noises.

5 이런 소리는 당신이 잠이 들게 도와줄 수 있다. (help, fall, can, asleep, you)
This sound _____.

A [단어확인] 다음 단어에 해당하는 우리말 뜻을 쓰세요.

1 cheek	_____	8 creature	_____
2 swallow	_____	9 cold-blooded	_____
3 supper	_____	10 temperature	_____
4 whole	_____	11 require	_____
5 piglet	_____	12 fuel	_____
6 lizard	_____	13 stay	_____
7 insect	_____	14 typical	_____

B [영작훈련] 괄호 안의 단어들을 올바른 순서로 배열하여 문장을 완성하세요.

1 볼이 없는 몇몇 동물들은 저녁 식사를 통째로 삼킨다. (their supper, swallow, whole)
   Some animals without cheeks _____.

2 몇몇 개구리는 일주일에 단지 두세 번 곤충을 삼킬지 모른다. (two or three, week, times, a, only)
   Some frogs may gulp down insects _____.

3 그들의 몸은 공기와 똑같은 온도를 취한다. (as, the same temperature, take on, the air)
   Their bodies _____.

4 그들은 자신들의 몸을 따뜻하게 하기 위해 음식이 자신들에게 주는 연료를 필요로 하지 않는다. (food, provides, that, them, the fuel)
   They do not require _____ to keep their bodies warm.

5 그들은 자신들의 몸을 따뜻하게 하기 위해 도마뱀보다 10배가 넘는 음식을 먹어야 한다. (eat, do, 10 times, lizards, more food, than)
   They need to _____ to keep their bodies warm.

story Ⓐ architecture

A [단어확인] 다음 단어에 해당하는 우리말 뜻을 쓰세요.

1	impressive	_____	9	ordinary	_____
2	monument	_____	10	tomb	_____
3	ancient	_____	11	probably	_____
4	Egyptian	_____	12	roller	_____
5	huge	_____	13	sled	_____
6	plenty of	_____	14	dirt	_____
7	available	_____	15	remove	_____
8	pile	_____	16	perhaps	_____

B [영작훈련] 괄호 안의 단어들을 올바른 순서로 배열하여 문장을 완성하세요.

1 피라미드는 가장 인상적인 기념물 중의 하나이다. (of, the most, one, monuments, impressive)
The pyramids are _____.

2 사람들은 종종 어떻게 이집트인들이 그런 거대한 건축물들을 지을 수 있었는지 궁금해한다.
(huge buildings, the Egyptians, how, build, could, such)
People often wonder _____.

3 그것들은 위로 더 가벼운 돌들을 올려놓은 잘린 돌들의 큰 더미이다. (over the top, lighter stones, with)
They are a big pile of cut stones _____.

4 그들은 계속해서 경사면을 더 높고 길게 만들었다. (kept, higher and longer, the ramps, making)
They _____.

5 피라미드가 완성되었을 때, 그들은 흙으로 된 경사면을 제거했다. (a pyramid, done, when, was)
_____, they removed the earth ramps.

A [단어확인]   다음 단어에 해당하는 우리말 뜻을 쓰세요.

1 character	_____	9 miss	_____
2 belong to	_____	10 childhood	_____
3 popular	_____	11 responsibility	_____
4 a number of	_____	12 product	_____
5 remind A of B	_____	13 intentionally	_____
6 inner	_____	14 target	_____
7 term	_____	15 trend	_____
8 refer to	_____	16 the number of	_____

B [영작훈련]   괄호 안의 단어들을 올바른 순서로 배열하여 문장을 완성하세요.

1 만화영화에서 나온 귀여운 캐릭터는 더 이상 아이들에게만 속해 있지 않다. (belong to, only, do not, children, anymore)

Cute characters from cartoon animations _____.

2 그들은 그들 안의 아이를 그들에게 상기시켜 주는 과거의 물건들을 찾고 있다. (that, of, them, their inner child, remind)

They are looking for things from the past _____.

3 우리는 이런 사람들을 '키덜츠'라고 부른다. (call, "kidults", we, these people)

_____

4 '키덜츠'는 어린 시절과 관련된 다양한 활동들을 하는 것을 즐기는 어른들을 일컫는다. (who, adults, doing, enjoy, youth-related activities, various)

"Kidults" refer to _____.

5 '키덜츠' 유행은 오랫동안 있을 유행이다. (will, that, here, be)

The "kidult" trend is one _____ for a long time.

story Ⓐ food

A [단어확인]   다음 단어에 해당하는 우리말 뜻을 쓰세요.

1 spicy   _____   8 actually   _____

2 grab   _____   9 spread   _____

3 chilli   _____   10 reduce   _____

4 sensor   _____   11 chemical   _____

5 tongue   _____   12 wash away   _____

6 hurt   _____   13 burn   _____

7 decrease   _____   14 ease   _____

B [영작훈련]   괄호 안의 단어들을 올바른 순서로 배열하여 문장을 완성하세요.

1 매운 음식은 항상 사랑받아왔다. (always, been, loved, have)
   Spicy foods _____ .

2 고추는 당신의 혀의 감지기관을 아프게 하는 매운 기름을 포함하고 있다. (that, the sensors,
   hurt, spicy oil, makes, on your tongue)
   Chillies have _____ .

3 물은 실제로 고통을 감소시키기보다 매운 기름을 확산시킬 것이다. (the spicy oil, reduce,
   rather than, the pain, spread)
   Water will actually _____ .

4 우유에는 매운 기름과 결합해 그것을 씻어내는 기름기를 좋아하는 화학물질이 있다. (which,
   with, spicy oil, binds)
   Milk has a fat-loving chemical _____
   and then washes it away.

5 다음에 당신의 입안이 불난 것처럼 느껴질 때, 우유 한 잔을 마셔라. (your mouth, the next
   time, burns)
   _____ , have a glass of milk.

A [단어확인]   다음 단어에 해당하는 우리말 뜻을 쓰세요.

1	symbol	_____	8 gather	_____
2	civilization	_____	9 cave	_____
3	carve	_____	10 hide	_____
4	rock	_____	11 crop	_____
5	shell	_____	12 stand for	_____
6	represent	_____	13 example	_____
7	hunter-gatherer	_____	14 ancient	_____

B [영작훈련]   괄호 안의 단어들을 올바른 순서로 배열하여 문장을 완성하세요.

1 최초의 사람들은 기호를 바위에 새겼다. (symbols, rocks, onto, carved)

The first people _____.

2 이 사람들은 수렵 채집인이라고 불렸다. (called, hunter-gatherers, were)

These people _____.

3 서로에게 어떻게 동물들을 잡을 수 있는지 말해주기 위해 그들은 동굴 벽에 그림을 그렸다.

(about, each other, animals, how, to tell, to hunt)

_____, they drew on cave walls.

4 그것들 중 몇몇은 이집트에서 오는데, 거기에서는 사람들이 많은 신들을 믿었다. (many gods, people, where, believed in)

Some of them come from Egypt, _____.

5 기호는 물, 건물, 음식, 그리고 다른 삶의 부분들을 나타내기 위해 사용되었다. (used, symbols, stand for, to, were)

_____ water, buildings, food, and other parts of life.

story A
science

A [단어확인] 다음 단어에 해당하는 우리말 뜻을 쓰세요.

1 at the same time _____
2 gravity _____
3 pull _____
4 topic _____
5 object _____
6 lean _____
7 surprised _____

8 attach _____
9 parachute _____
10 slow down _____
11 according to _____
12 experiment _____
13 mass _____
14 due to _____

B [영작훈련] 괄호 안의 단어들을 올바른 순서로 배열하여 문장을 완성하세요.

1 어느 것이 먼저 땅으로 떨어질까? (will hit, one, first, the ground)
Which _____?

2 이것은 갈릴레오 갈릴레이에 대한 유명한 일화의 주제이다. (about, of, Galileo Galilei, the topic, a famous story)
This is _____.

3 그는 이 질문의 답을 찾기 위해 두 물체를 떨어뜨려 보았다. (this question, to, the answer, to find)
He had tried dropping two objects _____.

4 당신은 두 물체가 거의 동시에 땅에 떨어졌다는 것을 알면 놀랄지도 모른다. (be surprised, might, you, to find out)
_____ that the two objects hit the ground at almost the same time.

5 만약 그 공들 중 하나가 낙하산에 연결되어 있었다면, 그것은 공이 천천히 내려오게 했을 것이다.
(if, of, had been attached, those balls, one, to a parachute)
_____, it would have slowed the ball down.

A [단어확인]   다음 단어에 해당하는 우리말 뜻을 쓰세요.

1 be tired of	_____	8 take a shower	_____
2 stuffy	_____	9 cover	_____
3 helpful	_____	10 lastly	_____
4 add	_____	11 apply	_____
5 rest	_____	12 heat	_____
6 breathe	_____	13 microwave	_____
7 steam	_____	14 repeat	_____

B [영작훈련]   괄호 안의 단어들을 올바른 순서로 배열하여 문장을 완성하세요.

1 여기에 막힌 코를 뚫는 몇몇 유용한 방법들이 있습니다. (some, ways, to clear, helpful, a stuffy nose)

Here are _____.

2 약간의 소금물을 당신의 코 속에 떨어뜨리고 그것이 몇 초 동안 거기에 머무르도록 하세요. (for, rest, let, it, there, a few seconds)

Drop a little salt water in your nose and _____

_____.

3 다른 방법은 뜨거운 샤워를 하는 것입니다. (is, a hot shower, way, having)

Another _____.

4 당신의 머리를 수건으로 덮는 것이 더 도움이 됩니다. (with, your head, a towel, covering)

_____ helps.

5 마지막으로, 당신의 코에 열을 가하세요. (heat, your nose, apply, to)

Lastly, _____.

story A mythology

A [단어확인] 다음 단어에 해당하는 우리말 뜻을 쓰세요.

1 Greek _____
2 mythology _____
3 nymph _____
4 chat _____
5 talkative _____
6 take aside _____
7 distract _____

8 entertaining _____
9 sneak away _____
10 hang out with _____
11 fool _____
12 punish _____
13 cruel _____
14 punishment _____

B [영작훈련] 괄호 안의 단어들을 올바른 순서로 배열하여 문장을 완성하세요.

1 자신의 목소리를 사랑했던 Echo라는 이름의 요정이 있었다. (named Echo, her own voice, a nymph, who, loved)
There was _____.

2 Hera는 Zeus를 찾고 있었는데, 그는 Echo 및 다른 요정들과 시간을 보내고 있었다. (with, who, Echo and the other nymphs, was, hanging out)
Hera was looking for Zeus, _____.

3 Echo는 그녀에게 말해진 것만 말할 수 있을 것이다. (what, her, to, is, spoken)
Echo will only be able to speak _____.

4 그녀는 항상 그녀가 들은 마지막 단어만 말할 것이다. (she, hears, the last word)
She will always only speak _____.

5 Hera는 Echo가 그녀를 속였다는 것을 깨달았을 때, 그녀는 Echo를 벌했다. (Echo, had fooled, that, realized, her)
When Hera _____, she punished Echo.

A [단어확인]   다음 단어에 해당하는 우리말 뜻을 쓰세요.

1 suddenly	_____	8 active	_____
2 shut	_____	9 excite	_____
3 fear	_____	10 scary	_____
4 frightened	_____	11 relationship	_____
5 produce	_____	12 skill	_____
6 healthy	_____	13 haunted	_____
7 chemical	_____	14 release	_____

B [영작훈련]   괄호 안의 단어들을 올바른 순서로 배열하여 문장을 완성하세요.

1 당신 뒤에서 갑자기 문이 닫힌다면 어떨 것인가? (suddenly, if, a door, what, shut)
_____ behind you?

2 두려워하는 것은 당신에게 좋을 수 있다. (frightened, be good, can, being)
_____ for you.

3 그것들은 당신의 뇌를 활동적이게 만들고, 당신의 몸을 흥분시킨다. (active, your brain, excite, and, make, your body)
They _____.

4 당신이 겁먹을 때, 당신의 몸은 옥시토신이라는 화학물질을 만든다. (oxytocin, your body, a chemical, makes, called)
When you feel scared, _____.

5 함께 두려움을 느끼는 것이 당신의 우정을 더욱 강하게 만들어 줄 수 있다. (your friendships, make, can, stronger)
Feeling scared together _____.

story Ⓐ household tips

A [단어확인] 다음 단어에 해당하는 우리말 뜻을 쓰세요.

1	refrigerator	_____	9	breathe in	_____
2	product	_____	10	in addition	_____
3	guess	_____	11	prevent	_____
4	vinegar	_____	12	grow	_____
5	germ	_____	13	wipe	_____
6	effective	_____	14	mixture	_____
7	mold	_____	15	cause	_____
8	especially	_____	16	benefit	_____

B [영작훈련] 괄호 안의 단어들을 올바른 순서로 배열하여 문장을 완성하세요.

1 당신의 냉장고 안의 무언가가 음식과 청소용품으로 모두 쓰일 수 있다! (a cleaning product, and, both, a food)
Something in your refrigerator can be used as _____
_____!

2 실험들은 식초가 곰팡이 방지에 약 90% 효과가 있음을 보여준다. (effective, to be, mold, about 90%, against)
Tests have shown vinegar _____.

3 그것이 식초가 좋은 욕실 세정제로 쓰일 수 있는 이유이다. (why, that, is, can be used, vinegar)
_____ as a good bathroom cleaner.

4 많은 화학 세정제는 사용하기에 위험할 수 있다. (dangerous, use, can, to, be)
Many chemical-based cleaners _____.

5 식초는 곰팡이가 자라는 것을 방지할 수 있다. (mold, can, growing, prevent, from)
Vinegar _____.

A [단어확인] 다음 단어에 해당하는 우리말 뜻을 쓰세요.

1 blow out	_____	**8** Greek	_____
2 candle	_____	**9** respect	_____
3 tradition	_____	**10** represent	_____
4 pass down	_____	**11** moonlight	_____
5 generation	_____	**12** religious	_____
6 go back to	_____	**13** reason	_____
7 ancient	_____	**14** German	_____

B [영작훈련] 괄호 안의 단어들을 올바른 순서로 배열하여 문장을 완성하세요.

1 당신은 생일 케이크 위의 초들을 불어서 끄기 전에, 왜 그렇게 하는지 궁금해한 적이 있는가? (have, you, wondered, ever)
Before you blow out the candles on your birthday cake, _____ _____ why you do that?

2 생일 케이크 위에 초를 꽂는 것은 여러 세대를 전해져 내려온 전통이다. (is, candles, a tradition, birthday cakes, on, putting)
_____ that has been passed down for generations.

3 그것은 고대 그리스인들에게로 거슬러 올라가는데, 그들은 신들에게 존경을 표하기 위해 초를 태웠다. (often, burned, who, candles)
It goes back to the ancient Greeks, _____ to show respect to the gods.

4 달빛을 의미하기 위해 초가 더해졌다. (were, the moonlight, added, to mean)
Candles _____.

5 독일인들은 케이크의 가운데에 큰 초 하나를 두었다. (place, a large candle, would, of, in the center, a cake)
Germans _____.

story Ⓐ **nature**

A [단어확인] 다음 단어에 해당하는 우리말 뜻을 쓰세요.

1	invader	_____	**9**	neighbor	_____
2	backyard	_____	**10**	insect	_____
3	space	_____	**11**	in danger	_____
4	seed	_____	**12**	feed on	_____
5	huge	_____	**13**	mostly	_____
6	threaten	_____	**14**	food web	_____
7	native	_____	**15**	destroy	_____
8	unexpected	_____	**16**	endangered	_____

B [영작훈련] 괄호 안의 단어들을 올바른 순서로 배열하여 문장을 완성하세요.

1 그들은 우주에서 온 것이 아니라 다른 나라에서 왔다. (but, other countries, from)
They are not from space, _____.

2 비토착 식물의 막대한 수가 토착 식물을 위협하고 있다. (native plants, threatening, is)
The huge number of non-native plants _____.

3 이것은 뒤뜰의 다른 이웃들에게 예상치 못한 문제를 가져왔다. (other neighbors, to, an unexpected problem, has brought)
This _____ in the backyard.

4 과학자들은 90%의 초식 곤충들이 특정한 식물만을 먹기 때문에 위기에 처해 있다고 말한다.
(they, because, certain plants, only feed on)
Scientists say that 90 percent of plant-eating insects are in danger
_____.

5 더 적어진 수의 박주가리는 더 적은 수의 애벌레를 의미하고, 이것은 더 적은 수의 새를 의미한다.
(means, birds, fewer, this)
Less milkweed means fewer caterpillars and _____.

A [단어확인]　다음 단어에 해당하는 우리말 뜻을 쓰세요.

1 communicate	_____	**7** truthful	_____
2 get in contact with	_____	**8** criticize	_____
3 post	_____	**9** face-to-face	_____
4 closely	_____	**10** get a hold of	_____
5 connect	_____	**11** account	_____
6 inside	_____	**12** give a call	_____

B [영작훈련]　괄호 안의 단어들을 올바른 순서로 배열하여 문장을 완성하세요.

1 오늘날, 거의 모든 사람이 다른 사람들과 의사소통하기 위해 어떤 종류의 SNS를 사용한다. (to communicate, some sort of SNS, uses, with other people)
Today, almost everyone _____.

2 SNS로 우리는 자주 보지 못하는 사람들과 연락할 수 있다. (people, get in contact with, cannot see often, we, whom)
With an SNS, we can _____.

3 그들의 온라인 게시물들을 통해 우리는 그들이 무엇을 하는지 쉽게 알아낼 수 있다. (are doing, they, find out, what)
Through their posts online, we can easily _____.

4 우리가 서로 가깝게 연결되어 있는 것 같다. (we, to each other, closely connected, like, are)
It seems _____.

5 SNS가 사람들이 속으로 생각하고 느끼는 것을 진짜로 보여줄 수 있을까? (inside, what, people, think and feel)
Can SNSs really show _____?

story Ⓐ food

A [단어확인]   다음 단어에 해당하는 우리말 뜻을 쓰세요.

1 take the place of	_____	**8** significant	_____
2 developing country	_____	**9** crop	_____
3 climate	_____	**10** provide	_____
4 source	_____	**11** necessarily	_____
5 millions of	_____	**12** negative	_____
6 committee	_____	**13** effect	_____
7 impact	_____	**14** survive	_____

B [영작훈련]   괄호 안의 단어들을 올바른 순서로 배열하여 문장을 완성하세요.

1 바나나는 언젠가 몇몇 개발도상국들에서 감자를 대신할 수 있을 것이다. (the place, potatoes, take, of)
Bananas could someday _____ in some developing countries.

2 기후 변화는 바나나를 수백만의 사람들을 위한 중요한 식량자원으로 만들지도 모른다. (bananas, may, an important food source, make)
Climate change _____
for millions of people.

3 그 변화들은 바나나가 생존할 수 있는 방법을 제공할 수 있다. (bananas, for, to, a way, survive)
The changes can provide _____.

4 바나나가 반드시 묘책인 것은 아니다. (not, a silver bullet, are, necessarily)
Bananas _____.

5 그것들은 농부들이 가진 유일한 선택이 될지도 모른다. (that, have, the only choice, farmers)
They might be _____.

A [단어확인] 다음 단어에 해당하는 우리말 뜻을 쓰세요.

1	sole	_____	
2	material	_____	
3	create	_____	
4	pleasure	_____	
5	discarded	_____	
6	object	_____	
7	notice	_____	
8	bottle	_____	
9	bamboo	_____	
10	weave	_____	
11	admire	_____	
12	creative	_____	
13	environment	_____	
14	provide	_____	
15	relaxed	_____	
16	delighted	_____	

B [영작훈련] 괄호 안의 단어들을 올바른 순서로 배열하여 문장을 완성하세요.

1 그는 자신의 예술을 창조하기 위해 다른 재료를 사용하는 데 관심을 가져왔다. (has, using, been, interested, in)

He _____ other materials to create his art.

2 저는 버려진 물건으로부터 예술을 창조하는 데 큰 기쁨을 느낍니다! (pleasure, art, take, such, in creating)

I _____ from discarded objects!

3 Toone은 다른 나라 사람들이 버려진 물건들을 어떻게 사용하는지 살핀다. (people, in other countries, use, how)

Toone notices _____ discarded objects.

4 그것은 빈 물병과 대나무 막대기로 만들어졌다. (empty, was, from, made, water bottles)

It _____ and sticks of bamboo.

5 저는 사람들이 전화 줄로 바구니를 짜고 있는 것을 보고 기뻤습니다. (to see, people, was delighted, weaving baskets)

I _____ from telephone wires.

story A music

A [단어확인] 다음 단어에 해당하는 우리말 뜻을 쓰세요.

1	hardship	_____	9	be exposed to	_____
2	endure	_____	10	combine	_____
3	response	_____	11	develop	_____
4	pattern	_____	12	express	_____
5	lead	_____	13	sorrow	_____
6	repeat	_____	14	tradition	_____
7	free	_____	15	former	_____
8	slave	_____	16	homeland	_____

B [영작훈련] 괄호 안의 단어들을 올바른 순서로 배열하여 문장을 완성하세요.

1 블루스는 아프리카계 미국 흑인들이 견뎌야 했던 고난에서 태어났다. (that, endure, Afro- and African-Americans, the hardships, had to)

The blues was born out of _____.

2 그것에서 한 사람이 한 소절을 부름으로써 이끌면 그 다음에 다른 사람들이 노래로 그것을 반복하거나 그것에 대답했다. (or, others, repeated, answered it)

In it, one person led by singing a line and then _____ in song.

3 그들은 교회를 통해 유럽의 음악에 노출되었다. (exposed, to, were, European music)

They _____ through their churches.

4 유럽의 음악 스타일과 혼합된, 옛 아프리카 멜로디는 블루스로 발전되었다. (of, combined, Europe, with, the musical styles)

The old African melodies, _____, developed into blues.

5 일하는 동안, 그들은 자신들의 슬픔을 아프리카의 옛 멜로디를 부름으로써 표현했다. (singing, their sorrow, by, expressed)

While working, they _____ old melodies from Africa.

A [단어확인] 다음 단어에 해당하는 우리말 뜻을 쓰세요.

1 span	_____	**8** material	_____
2 be known as	_____	**9** brick	_____
3 man-made	_____	**10** construct	_____
4 structure	_____	**11** defense	_____
5 protect	_____	**12** nomadic	_____
6 empire	_____	**13** totally	_____
7 method	_____	**14** effective	_____

B [영작훈련] 괄호 안의 단어들을 올바른 순서로 배열하여 문장을 완성하세요.

1 중국의 만리장성은 지구상에서 인간이 만든 가장 긴 건축물로 알려져 있다. (is known, the longest, on Earth, man-made structure, as)
The Great Wall of China _____.

2 그들은 그들의 백성들에게 돌, 바위, 그리고 심지어 흙과 풀을 사용하게 했다. (use, they, had, their people)
_____ stone, rock, and even soil and grass.

3 오늘날 우리가 볼 수 있는 중국의 만리장성의 대부분은 16세기에 지어졌다. (see, was built, today, that, we, can)
Most of the Great Wall of China _____
in the 16th century.

4 벽돌이 강하고 작았기 때문에, 일꾼들이 쉽게 그리고 빠르게 그것들을 나를 수 있었다. (strong and small, bricks, since, were)
_____, workers could easily
and quickly carry them.

5 그 장벽은 그들의 제국을 보호하는 데 전적으로 효과적이었다. (their, protect, empire, to, effective)
The wall was totally _____.

story Ⓐ literature

A [단어확인]   다음 단어에 해당하는 우리말 뜻을 쓰세요.

1 be familiar with _____   10 exactly _____

2 simile _____   11 whenever _____

3 technique _____   12 hug _____

4 mainly _____   13 cozy _____

5 poetry _____   14 turtle _____

6 compare _____   15 shine _____

7 conversation _____   16 calm _____

8 log _____   17 pond _____

9 poem _____   18 blanket _____

B [영작훈련]   괄호 안의 단어들을 올바른 순서로 배열하여 문장을 완성하세요.

1 직유는 시에서 주로 사용하는 기법이다. (in poetry, used, a technique, mainly)
   A simile is _____.

2 그 소녀는 그녀의 마음을 타는 장작에 비유한다. (her mind, a burning log, to, compares)
   The girl _____.

3 여기에 '직유'법을 사용한 시가 있다. (using, a poem, the "simile" technique)
   Here is _____.

4 그녀가 나의 이름을 부르실 때마다, 나는 그것을 크고 명확하게 듣는다. (she, whenever, my name, calls)
   _____, I hear it loud and clear.

5 그녀가 나를 안으실 때, 나는 아늑함을 느낀다. (feel, cozy, I)
   When she hugs me, _____.

A [단어확인] 다음 단어에 해당하는 우리말 뜻을 쓰세요.

1 suppose _____
2 break down into _____
3 chew _____
4 saliva _____
5 digestion _____
6 undergo _____
7 stomach _____

8 protein _____
9 ingredient _____
10 thick _____
11 liquid _____
12 absorb _____
13 lecture _____
14 process _____

B [영작훈련] 괄호 안의 단어들을 올바른 순서로 배열하여 문장을 완성하세요.

1 당신의 몸에서 다음에 무슨 일이 일어나는지 아나요? (happens, in, what, your body)
Do you know _____ next?

2 샌드위치가 당신의 입에 들어가면, 그것은 작은 조각들로 부수어집니다. (is, small pieces, into, broken down)
When the sandwich enters your mouth, it _____.

3 당신의 위는 그 음식을 더 작은 조각들로 분해하기 위해 일을 합니다. (into, the food, smaller pieces, to break down)
Your stomach works _____.

4 단백질 소화가 시작되는데, 그것은 샌드위치 안의 재료들이 조각들로 변하는 것을 의미하는 것입니다. (ingredients, turn into, which, in the sandwich, pieces, means)
A protein digestion starts, _____.

5 얼마 후 그 음식은 진한 액체가 되는데, 이는 당신의 핏속으로 흡수될 준비가 된 것입니다. (which, to be absorbed, your blood, is ready, into)
After some time the food becomes a thick liquid, _____
_____.

story A

psychology

A [단어확인] 다음 단어에 해당하는 우리말 뜻을 쓰세요.

1 for sure _____
2 balance _____
3 emotion _____
4 suffer from _____
5 emotional _____
6 resolve _____
7 anxiety _____

8 restore _____
9 mental _____
10 express _____
11 hidden _____
12 superstition _____
13 overcome _____
14 relieve _____

B [영작훈련] 괄호 안의 단어들을 올바른 순서로 배열하여 문장을 완성하세요.

1 아무도 잠이 어떻게 작용하는지를 확실하게 알지 못한다. (knows, for, nobody, sure)
_____ how sleep works.

2 많은 과학자들은 사람들이 꿈을 꾸기 위해 잔다고 말한다. (in order to, people, sleep, dream)
Many scientists say that _____.

3 꿈은 일상생활에서는 표현될 수 없는 불안함과 감정들을 해결한다. (expressed, that, cannot, in everyday life, be)
Dreams resolve the anxieties and emotions _____
_____.

4 불안함을 보여주는 꿈들이 사실 사람들의 내면에 숨겨진 분노를 표현한다. (inside, people's anger, that, is hidden)
Anxiety dreams actually express _____.

5 당신의 꿈에서 두려움을 표현함으로써 당신은 당신의 숨겨진 두려움을 극복하는 데 좀 더 가까이 간다. (your dreams, your fears, by, in, expressing)
_____, you come a little closer to overcoming your hidden fears.

A [단어확인]   다음 단어에 해당하는 우리말 뜻을 쓰세요.

1 rubber   _____   8 memory   _____
2 giant   _____   9 exhibit   _____
3 float   _____   10 construct   _____
4 sculpture   _____   11 opening   _____
5 entertain   _____   12 perform   _____
6 aim   _____   13 electric   _____
7 remind A of B _____   14 pump   _____

B [영작훈련]   괄호 안의 단어들을 올바른 순서로 배열하여 문장을 완성하세요.

1 'Rubber Duck'은 거대한 물에 뜨는 몇몇 조형물들 중의 하나이다. (of, giant, one, floating, sculptures, several)
   Rubber Duck is _____.

2 이것들은 다양한 크기로 제작되었다. (were, various, built, in, sizes)
   These _____.

3 그는 2007년에 시작된 '전 세계에 즐거움을 퍼트리기'라는 이름의 투어로 전 세계를 즐겁게 하려고 노력했다. (started, which, in 2007, "Spreading Joy Around the World", named)
   He tried to entertain the world on a tour _____
   _____.

4 그 오리를 전시함으로써 그는 사람들이 어린 시절 추억들을 떠올리게 하는 것이 목표였다. (exhibiting, by, the duck)
   He aimed to remind people of their childhood memories _____
   _____.

5 그 몸체 안에 전기 팬이 있어서 몸체를 부풀릴 수 있다. (it, be pumped up, so that, can)
   There is an electric fan in its body _____.

story **A** **art history**

A [단어확인] 다음 단어에 해당하는 우리말 뜻을 쓰세요.

1	conquer	_____	9	as well _____
2	empire	_____	10	abstract _____
3	exchange	_____	11	Buddhist _____
4	statue	_____	12	soul _____
5	method	_____	13	religion _____
6	carve	_____	14	architecture _____
7	life-sized	_____	15	detail _____
8	spread	_____	16	influence _____

B [영작훈련] 괄호 안의 단어들을 올바른 순서로 배열하여 문장을 완성하세요.

1 그렇게 해서 최초의 그리스의 석조 조각상들이 인도에 오게 되었다. (is, how, that)

_____ the first Greek stone statues came to India.

2 중국에 여행 갔던 불교신자들은 그들과 함께 석조 조각상을 가져갔다. (travelling, buddhists, to China)

_____ brought the stone statues with them.

3 로마제국의 부흥은 그리스 미술 기법들을 또한 서구에 전파시켰다. (to, spread, the West, Greek art skills)

The rise of the Roman Empire _____ as well.

4 북유럽의 화가들 또한 그리스 스타일로 예술을 창조하기 시작했다. (in the Greek style, to, began, create, art)

Artists in northern Europe also _____.

5 로마의 화가들은 덜 실제적으로 보이는 것을 시도하기 시작했고, 그 스타일에서 그들은 큰 눈을 가진 조각상을 조각했다. (statues, carved, they, with big eyes, where)

Roman artists were beginning to try a less real-looking style, _____

_____.

A [단어확인] 다음 단어에 해당하는 우리말 뜻을 쓰세요.

1	stress	_____	8	syndrome	_____
2	due to	_____	9	gain weight	_____
3	final	_____	10	solution	_____
4	snack	_____	11	offer	_____
5	skip	_____	12	exercise	_____
6	irregularly	_____	13	bedtime	_____
7	suffer from	_____	14	avoid	_____

B [영작훈련] 괄호 안의 단어들을 올바른 순서로 배열하여 문장을 완성하세요.

1 16살짜리 소녀가 우리에게 이메일을 보냈어요. (us, sent, an email)
A 16-year-old girl _____.

2 그녀는 기말고사 때문에 많은 스트레스를 받고 있어요. (due to, a lot of, finals, under, stress)
She has been _____.

3 그녀는 야식을 먹기 시작했어요. (to, have, started, late-night snacks)
She _____.

4 그녀는 너무 배가 불러서 먹을 수 없어서 종종 아침식사를 거릅니다. (she, too, feels, full, eat, to)
_____ so she often skips breakfast.

5 스트레스가 많은 사람들이 보통 이 문제를 가지고 있어요. (with, a lot of, people, stress)
_____ usually have this problem.

story A society

A [단어확인] 다음 단어에 해당하는 우리말 뜻을 쓰세요.

1 theory _____
2 introduce _____
3 sociologist _____
4 adopt _____
5 as a result _____
6 serious _____
7 crime _____

8 replace _____
9 erase _____
10 graffiti _____
11 successful _____
12 dramatically _____
13 relationship _____
14 influential _____

B [영작훈련] 괄호 안의 단어들을 올바른 순서로 배열하여 문장을 완성하세요.

1 '깨진 창문 이론'이 소개된 후, 이 이론은 뉴욕 같은 큰 도시들뿐만 아니라 작은 마을들에서도 채택
되었다. (this theory, has, adopted, by small towns, been)
Since the "Broken Windows Theory" was introduced, _____
_____ as well as big cities like New York.

2 만약 깨진 창문들이 교체되지 않는다면, 사람들은 아무도 신경 쓰지 않는다고 생각한다. (replaced,
if, not, broken windows, are)
_____, people think that nobody cares.

3 그 결과, 심각한 범죄들이 일어나기 더 쉽다. (are, serious crimes, to happen, more
likely)
As a result, _____.

4 그것이 소개된 후, 시 당국들은 깨진 창문들을 교체했다. (broken, city governments,
replaced, windows)
After it was introduced, _____.

5 비록 몇몇 사람들은 깨진 창문과 범죄율의 관계를 믿지 않지만, 그들의 이론은 여전히 영향력이 있
다. (some people, the relationship, although, don't believe in)
_____ between
broken windows and crime rates, their theory still remains influential.

A [단어확인]   다음 단어에 해당하는 우리말 뜻을 쓰세요.

1 except	_____	10 prove	_____
2 footstep	_____	11 regret	_____
3 echo	_____	12 grab	_____
4 hallway	_____	13 scream	_____
5 silence	_____	14 jealous	_____
6 chill	_____	15 proud	_____
7 spine	_____	16 frightened	_____
8 bet	_____	17 disappointed	_____
9 appear	_____	18 sweat	_____

B [영작훈련]   괄호 안의 단어들을 올바른 순서로 배열하여 문장을 완성하세요.

1 손전등으로부터의 불빛을 빼고는 빛이 없었다. (from, the light, except, the flashlight)
There was no light _____.

2 너무 조용해서 그의 발자국 소리가 복도에 울려 퍼졌다. (was, so, that, it, quiet)
_____ the sound of his footsteps echoed through the hallway.

3 그는 그녀에게 그가 유령을 믿지 않는다고 말했다. (believe in, he, did not, ghosts, that)
He told her _____.

4 그는 떨리는 손으로 손잡이를 움켜쥐었다. (grabbed, a shaking hand, with, the handle)
He _____.

5 그가 손잡이를 막 돌리려고 할 때 복도의 시계가 울렸다. (to, turn, he, the handle, was, about)
When _____, the clock in the hallway rang.

story Ⓐ statistics

A [단어확인]   다음 단어에 해당하는 우리말 뜻을 쓰세요.

1 the number of _____
2 population _____
3 sharply _____
4 decline _____
5 ruin _____
6 farm _____
7 plague _____

8 sweep _____
9 devastating _____
10 steeply _____
11 fortunately _____
12 consequently _____
13 by the way _____
14 on the other hand _____

B [영작훈련]   괄호 안의 단어들을 올바른 순서로 배열하여 문장을 완성하세요.

1 그래프는 1100년대부터 1600년대까지의 유럽 사람들의 수를 보여준다. (from, to, European people, the 1100s, the 1600s, the number of)
   The graph shows _____.

2 유럽의 인구는 1300년대 중반에 거의 8,500만 명까지 증가했다. (almost, to, 85 million, grew)
   The European population _____,
   in the middle of the 1300s.

3 역사상 최악의 전염병 중의 하나인 흑사병이 유럽 전역을 휩쓸었다. (history's, plagues, one, worst, of)
   _____, the Black Death, swept over all of Europe.

4 흑사병 이후, 불과 5,000만 명의 사람들만이 유럽에서 살아남았다. (were, alive, only 50 million people, left)
   After the Black Death, _____ in Europe.

5 인구가 최고점의 숫자로 돌아가는 데 거의 200년이 걸렸다. (to its highest numbers, to return, for the population)
   It took almost 200 years _____.

A [단어확인] 다음 단어에 해당하는 우리말 뜻을 쓰세요.

1 relationship	_____	10 keep ~ in mind	_____
2 surroundings	_____	11 tip	_____
3 provide	_____	12 take care of	_____
4 practical	_____	13 straight	_____
5 posture	_____	14 make sure	_____
6 probably	_____	15 in addition	_____
7 bend	_____	16 tighten	_____
8 eventually	_____	17 strap	_____
9 pain	_____	18 confused	_____

B [영작훈련] 괄호 안의 단어들을 올바른 순서로 배열하여 문장을 완성하세요.

1 인체 공학은 인간과 그 주변 환경 사이의 관계에 대한 연구이다. (between, and, the relationship, their surroundings, people)
Ergonomics is the study of _____.

2 그것은 당신에게 당신의 건강을 위한 실용적인 조언을 해 준다. (you, practical tips, provides, with)
It _____ for your health.

3 좋은 자세를 연습하지 않으면, 당신은 결국 통증을 느끼게 될 것이다. (practicing, without, good posture)
_____, you will eventually feel pain.

4 다음의 조언들을 기억해 두고 당신 자신을 잘 관리하도록 해라. (in, the following tips, keep, mind)
_____ and be sure to take good care of yourself.

5 가방이 허리 아래로 내려가지 않도록 해라. (the bag, don't, fall down, let)
_____ below your waist.

story A story

A [단어확인] 다음 단어에 해당하는 우리말 뜻을 쓰세요.

1	infant	_____	10	shepherd	_____
2	neighbor	_____	11	lamb	_____
3	scream	_____	12	standard	_____
4	tool	_____	13	breathe	_____
5	bottom	_____	14	thanks to	_____
6	lifeless	_____	15	survive	_____
7	ankle	_____	16	scared	_____
8	swing	_____	17	relieved	_____
9	pour	_____	18	embarrassed	_____

B [영작훈련] 괄호 안의 단어들을 올바른 순서로 배열하여 문장을 완성하세요.

1 어느 날 한 어린아이가 내 이웃의 정원 연못에 빠졌다. (an infant, into, a neighbor's garden pond, fell)

One day _____.

2 세 살짜리 소녀가 연못의 바닥에 있었다. (the bottom, girl, was, three-year-old, at)

A _____ of the pond.

3 나는 내 이웃에게 어디서 그런 것을 배웠는지를 물었다. (to do, had learnt, such a thing, he, where)

I asked my neighbor _____.

4 새끼 양들이 죽은 채로 태어났을 때, 그것은 그것들이 숨 쉬게 하는 표준적인 방법이었다.

(making, the standard way, them, of, breathe)

When lambs were born dead, it was _____.

5 이 연세 드신 양치기 덕분에, 그 아이는 살았다. (old shepherd, to, this, thanks)

_____, that child survived.

A [단어확인]   다음 단어에 해당하는 우리말 뜻을 쓰세요.

1 childhood	_____	**10** knowledge	_____
2 be famous for	_____	**11** rotate	_____
3 southern	_____	**12** crop	_____
4 cotton	_____	**13** harvest	_____
5 use up	_____	**14** yielding	_____
6 nutrient	_____	**15** fortunately	_____
7 soil	_____	**16** as long as	_____
8 useless	_____	**17** substance	_____
9 fertile	_____	**18** particular	_____

B [영작훈련]   괄호 안의 단어들을 올바른 순서로 배열하여 문장을 완성하세요.

1 George Carver는 식물을 돌보는 것으로 유명했다. (taking care of, was, plants, famous, for)

George Carver _____.

2 그는 식물 박사로 불렸다. (called, the plant doctor, was)

He _____.

3 목화는 몇 년 후에는 그 땅을 쓸모없게 만들었다. (useless, made, cotton plants, the land)

_____ after a few years.

4 George Carver는 땅콩이 토양을 비옥하게 하는 데 도움이 될 수 있다는 것을 알았다.
(become, help, could, fertile, the soil)

George Carver knew that peanuts _____.

5 그의 지식을 사용해서, 그는 농부들에게 작물을 윤작하라고 말하였다. (to rotate, the farmers, crops, told)

Using his knowledge, he _____.

story A sports

A [단어확인]   다음 단어에 해당하는 우리말 뜻을 쓰세요.

1	article	_____	**8** boundary	_____
2	blind	_____	**9** importantly	_____
3	according to	_____	**10** be filled with	_____
4	court	_____	**11** metal	_____
5	moreover	_____	**12** bead	_____
6	string	_____	**13** thanks to	_____
7	tape	_____	**14** brilliant	_____

B [영작훈련]   괄호 안의 단어들을 올바른 순서로 배열하여 문장을 완성하세요.

1 기사에 따르면, 캘리포니아 출신의 학생들 몇 명이 자신들의 눈을 감은 채로 테니스를 친다고 합니다. (their eyes, with, play tennis, closed)
According to the article, some students from California _____
_____ .

2 줄이 바닥에 붙어 있습니다. (on the floor, taped, string, is)
_____

3 특별한 공이 선수들이 테니스를 치는 것을 돕습니다. (the players, play, helps, tennis)
A special ball _____ .

4 그 공은 소리를 내는 금속 구슬로 채워집니다. (make sound, that, metal beads)
The ball is filled with _____ .

5 그게 바로 볼 수 없는 사람들이 테니스를 칠 수 있는 방법입니다. (who, see, someone, can, can't, tennis, play)
That is how _____ .

A [단어확인] 다음 단어에 해당하는 우리말 뜻을 쓰세요.

1 distance	_____	**8** roundabout	_____
2 both	_____	**9** far from	_____
3 railway	_____	**10** choose	_____
4 follow	_____	**11** invite	_____
5 intersection	_____	**12** inform	_____
6 along	_____	**13** advertise	_____
7 be located	_____	**14** apologize	_____

B [영작훈련] 괄호 안의 단어들을 올바른 순서로 배열하여 문장을 완성하세요.

1 거기까지 가는 데 약 10분에서 15분이 걸립니다. (to get there, takes, about 10-15 minutes)

It _____.

2 시내 중심 도로를 따라 시내 중심으로 가세요. (to, the main street, the town center)

Follow _____.

3 왼쪽에 우체국이 보이는 다음 모퉁이에서 오른쪽으로 돌아 Central Street를 따라가세요. (can see, a post office, you, where, on the left)

At the next corner, _____,

turn right and follow Central Street.

4 왼쪽으로 돌아 공원을 따라 Austin Street를 따라가세요. (the park, Austin Street, follow, along)

Turn left and _____.

5 우리는 다음 로터리에 위치합니다. (are, at, located, the next roundabout)

We _____.

story Ⓐ
household tips

A [단어확인]   다음 단어에 해당하는 우리말 뜻을 쓰세요.

1 break out	_____	**8**	available	_____
2 prepare	_____	**9**	cause	_____
3 set the table	_____	**10**	put out	_____
4 smell	_____	**11**	turn off	_____
5 pour	_____	**12**	hold	_____
6 direction	_____	**13**	lid	_____
7 option	_____	**14**	cut off	_____

B [영작훈련]   괄호 안의 단어들을 올바른 순서로 배열하여 문장을 완성하세요.

1 당신의 집에서 화재가 발생하면 무엇을 해야 할지 알고 있는가? (broke out, a fire, if, at your home)
Would you know what to do _____?

2 당신과 부모님을 위해 당신이 저녁을 준비하고 있다고 가정해 보자. (dinner, you, let's say, are preparing)
_____ for you and your parents.

3 119에 전화해서 그들의 지시에 따르는 것이 취해야 할 최선의 조치이다. (calling 119, is, following, their directions, and)
_____ the best action to take.

4 그 선택이 가능하지 않은 경우에, 다음의 조치를 따르라. (is not, in case, available, that option)
_____, take the following steps.

5 주방 화재는 대개 기름에 의해 일어나고, 그것은 물로 끌 수 없다는 것을 기억하라. (with water, be, which, cannot, put out)
Remember that kitchen fires are usually caused by oil, _____
_____.

A [단어확인] 다음 단어에 해당하는 우리말 뜻을 쓰세요.

1	judge	_____	9	problematic	_____
2	research	_____	10	global	_____
3	based on	_____	11	variation	_____
4	intelligence	_____	12	unfairly	_____
5	personality	_____	13	prejudice	_____
6	accent	_____	14	leap	_____
7	figure out	_____	15	flock	_____
8	observe	_____	16	treat	_____

B [영작훈련] 괄호 안의 단어들을 올바른 순서로 배열하여 문장을 완성하세요.

1 사람들은 한 사람의 지성뿐만 아니라 그 사람의 인성의 다른 부분들까지 판단한다. (but, a person's intelligence, not only, other parts of his or her personality)
   People judge _____, _____.

2 어떤 사람들은 특정한 말씨를 사용하는 사람들은 영리하지 못하다고 생각한다. (speak, with a certain accent, people, who)
   Some people think that _____ are not smart.

3 많은 사람들은 사람들의 말하는 방식을 관찰함으로써 그들의 인성을 파악할 수 있다고 말한다.
   (they, by observing, speak, the way)
   Many people say that they can figure out someone's personality _____
   _____.

4 영어는 전 세계 사람들이 사용하는 세계어가 되었다. (people, all over the world, that, use)
   English has become a global language _____.

5 말하는 방식에 근거하여 사람들을 판단하는 것은 일종의 편견이다. (how, judging, they, speak, based on, people)
   _____ is a kind of prejudice.

MEMO

사뿐

중학 사회
중학 역사

사회를 한 권으로
가뿐하게!

중학 사회

①-1

②-1

①-2

②-2

중학 역사

①-1

②-1

①-2

②-2

필독

중학 국어로 수능 잡기

✦ **필독** 중학 국어로 수능 잡기 시리즈

| 문학 | 비문학 독해 | 문법 | 교과서 시 | 교과서 소설 |

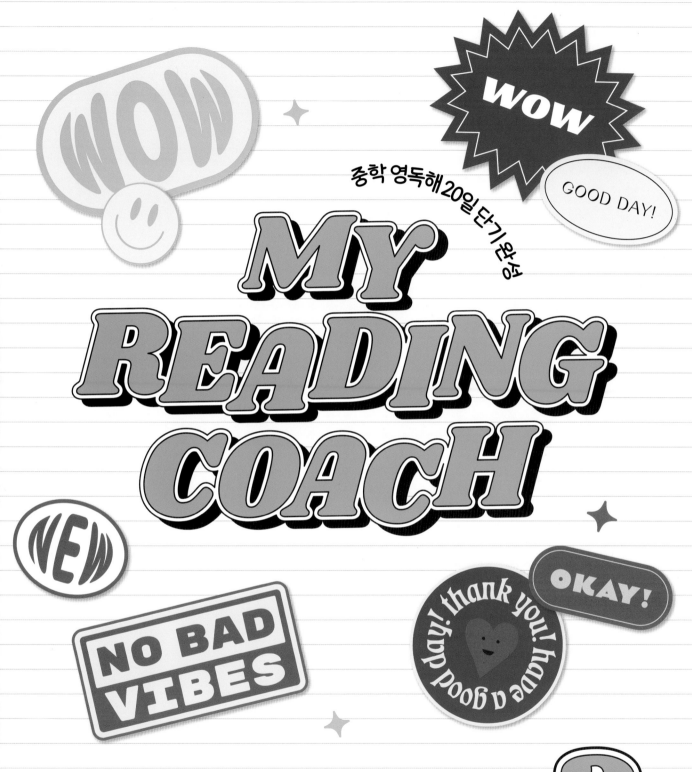

중|학|도|역|시 **EBS**

중학 영독해20일 단기완성

MY READING COACH

정답과 해설

3 LEVEL

정답과 해설

story Ⓐ ◦소재◦ 세계의 생일 음식 ⊃ 본책 6쪽

◦정답◦

1 ⑤ **2** (1) a long life (2) good fortune **3** ⑤ **4** a. noodles b. (good) fortune

◦해석◦

생일 음식을 생각할 때, 아마 불타는 초들이 꽂힌 생일 케이크가 생각날 것이다. 그러나 그것은 사람들이 그들의 생일에 먹는 유일한 음식은 아니다. 중국에서는 사람들이 그들의 생일 점심으로 면발이 긴 국수를 먹는데 그것이 장수를 상징하기 때문이다. 또한 70세 생일 같은 특정한 생일에는 빨간색이 행운을 상징하기 때문에 빨간 달걀이 제공된다. 멕시코에서는 피냐타가 사탕으로 채워지고 눈가리개를 한 생일을 맞은 아이가 막대로 쳐서 소리를 내며 깨서 열도록 줄에 매달려진다. 러시아에서는 생일 케이크 대신에 파이가 제공된다. 음, 한 가지는 확실하다. 생일을 위해 어떤 종류의 음식이 제공되어도, 그것은 좋다!

◦해설◦

1 '타고 있는 초'이므로 (A)에는 burning이 알맞고, 뒤에 〈주어+동사〉의 절이 이어지므로 (B)에는 because가 와야 한다. 마지막으로 (C)에서 be filled with는 '～로 채워지다'라는 뜻이다.
2 중국에서 긴 면발은 '장수(a long life)', 빨간색은 '행운(good fortune)'을 뜻한다.
3 글의 흐름상 밑줄 친 부분에서 말한 '확실한 한 가지'는 바로 뒤에 이어지는 내용을 의미한다. 즉, 나라마다 생일에 먹는 음식이 다르지만, 어떤 종류의 음식이 제공되어도 좋다는 것이다.
4 a. 스파게티를 만들기 위하여 먼저 면을 8분 정도 삶아 주세요.
    b. 나는 항상 운이 좋았다. 나는 이 행운이 오랫동안 지속되기를 바란다.

◦구문◦

· In China, people eat long noodles **as** their birthday lunch **because** they symbolize a long life.
  → as는 '～로서'라는 뜻의 전치사이므로 뒤에 명사(구)가 왔고, because는 '～ 때문에'라는 뜻으로 이유의 부사절을 이끄는 접속사이므로 뒤에 절이 왔다.
· In Mexico, a piñata **is filled with** candies and **strung up** *for the blindfolded birthday child* **to crack** open with a stick.
  → filled with와 대등하게 strung up도 등위접속사 and 앞의 is에 연결된 수동태 구문으로, '줄에 매달린다'로 해석한다. for ～ child는 to crack ～ a stick의 의미상 주어이다.
· **No matter what** kind of food is served for birthdays, it's good!
  → no matter what은 '무엇이 ～하더라도'라는 뜻으로 whatever로 바꾸어 쓸 수 있다.

⊃ 워크북 88쪽

Workbook Ⓐ **1** 타다 **2** 초, 양초 **3** 생각나다, 떠오르다 **4** 국수, 면 **5** 상징하다 **6** 특정한, 확실한 **7** 제공하다 **8** 운, 행운 **9** 매달다 **10** 눈가리개를 한 **11** 딱 소리를 내며 깨다 **12** ～ 대신에
Ⓑ **1** birthday cakes with burning candles probably come to mind **2** because they symbolize a long life **3** On certain birthdays like the 70th birthday **4** a piñata is filled with candies **5** No matter what kind of food is served

story B 〔소재〕 디지털 디톡스

〔정답〕

1 ② **2** ① **3** (to) reduce stress and focus on social interactions in the real world
4 a. ② b. ③ c. ①

〔해석〕

당신은 침대 옆에 스마트폰을 두고 자는가? 당신은 일어나자마자 이메일을 확인하는가? 만약 그렇다면 당신은 아마도 디지털 디톡스가 필요할 것이다. 그것은 어떤 이가 스마트폰이나 컴퓨터 같은 전자장치로부터 떨어져 있는 기간이다. 그것은 당신에게 스트레스를 줄이고 실제 세상의 사회적 상호관계에 초점을 맞출 수 있는 기회를 제공한다. 처음에는 아마도 조금 낯설 것이다. 하지만 당신은 곧 전자기기 사용 습관의 신경을 끊고 사람들과 다시 연결하는 법을 배우게 될 것이다. 대부분의 사람들은 불편하거나 지루한 기분이 들면 전화기를 꺼낸다. 디지털 디톡스를 하면서, 당신은 전화기를 가지고 있기보다 오히려 주변을 둘러보고 바로 당신 앞에서 벌어지는 일들을 보려고 노력하게 된다.

〔해설〕

1 디지털 디톡스가 처음에는 낯설지만 곧 새로운 방법을 배우게 될 것이라고 연결하는 것이 자연스러우므로, 역접의 연결어인 However가 알맞다.
① 따라서 ② 하지만 ③ 사실 ④ 게다가 ⑤ 예를 들어

2 ⓐ~ⓒ의 문장 주어인 It은 모두 the digital detox를 가리킨다. ⓐ는 디지털 디톡스의 의미를, ⓑ는 디지털 디톡스의 긍정적인 면을, ⓒ는 디지털 디톡스 초기의 어려운 점을 각각 설명하고 있다. 따라서 질문에 대한 답변으로는 ⓐ가 가장 알맞다.

> 질문: 디지털 디톡스의 의미는 무엇인가?

3 디지털 디톡스는 스트레스를 줄이고, 실제 세상의 사회관계에 초점을 맞추게 해준다고 언급되어 있다.

> 질문: 디지털 디톡스의 혜택은 무엇인가?
> 대답: 그것은 스트레스를 감소시키고 실제 세상에서의 사회적인 관계들에 집중할 수 있도록 우리를 돕는다.

4 a. 디지털 – ② 일련의 숫자로 정보를 제공하는 것
b. 지루한 – ③ 무언가가 재미가 없어서 지겨운
c. 장치 – ① 특별한 목적을 위해 발명된 물건

〔구문〕

· It is a period of time **when** a person stays away ~.
 → when은 관계부사로 때를 나타내는 선행사 a period of time을 수식하는 관계부사절을 이끈다.
· ~ and see **what** is going on right in front of you.
 → 관계대명사 what은 명사절을 이끌어 '~하는 것'으로 해석한다.

⊃ 워크북 89쪽

Workbook Ⓐ **1** 침대 곁(의) **2** ~하자마자 **3** 해독 **4** 전자(공학)의 **5** 장치 **6** ~에서 떨어져 있다 **7** 기회 **8** 줄이다 **9** ~에 집중하다, 초점을 맞추다 **10** 상호작용 **11** 이상한, 낯선 **12** 신경을 끄다 **13** 다시 연결하다 **14** 불편한 **15** 노력하다 **16** 이점, 혜택
Ⓑ **1** with your smartphone by your bedside **2** the moment you wake up **3** a period of time when a person stays away from **4** an opportunity to reduce stress and focus on social interactions **5** to see what is going on in front of you

story **A**

◦ 소재 껌 화가 Ben Wilson

⊃ 본책 10쪽

◦ 정답

1 ④　　**2** ⑤　　**3** 몇 시간 동안 (도로) 바닥에 누워서 작품 활동을 하는 것　　**4** a. devoted b. meaningful

◦ 해석

신발 바닥에 껌 한 조각이 달라붙은 적이 있는가? 당신은 사람들이 인도에 씹은 껌을 뱉는 것에 화가 났을지도 모른다. 그러나 런던의 Millennium 다리나 런던의 다른 곳에서 인도 위의 버려진 껌이 아름다운 예술로 바뀌게 되었다. 껌 사나이 Ben Wilson은 수백 개의 아주 작은 그림을 창조해 냈다. 그는 몇 시간 동안 땅바닥에 누워서 의미 있는 작품을 창조해내는 데 그 자신을 헌신한다. 비록 그는 과거에 이것을 해서 체포되기도 했지만, Ben은 멈추지 않았다. 그는 껌을 예술로 바꾸는 것에 대해 매우 열정적이다. 사람들이 인도에 껌을 뱉는 것을 지속하는 한 우리는 그의 예술을 즐길 수 있을 것이다.

◦ 해설

1 (A)의 앞 문장은 껌의 안 좋은 점에 대해 이야기하지만, (A) 뒤에서는 이 껌이 예술로 변화되는 것을 이야기하며 앞 문장과 대조를 이루고 있으므로 (A)에는 However가 적절하다. (B) 뒤에 이어지는 문장은 Ben이 안 좋은 상황에 처했음에도 불구하고 별로 신경을 쓰지 않는다는 내용이므로 (B)에는 Although가 적절하다.
　① 그러나 – ～할 때　② 게다가 – ～ 때문에　③ 그럼에도 불구하고 – ～ 때문에
　④ 그러나 – 비록 ～이긴 하지만　⑤ 게다가 – 비록 ～이긴 하지만

2 마지막 문장의 내용이 ⑤와 일치한다.
　① 사람들은 신발 바닥에 껌 조각을 붙인다.
　② Ben Wilson은 런던의 Millennium 다리를 칠했다.
　③ Ben Wilson은 새 껌에 그림을 그린다.
　④ Ben Wilson은 인도에 껌을 뱉어서 체포되었다.
　⑤ Ben Wilson은 사람들이 껌을 인도에 뱉는 한 예술 작품을 창조할 수 있다.

3 Ben Wilson이 이것(this)을 하다가 체포되었다고 했으므로 그가 체포된 이유를 찾는다. 바로 앞 문장에서 그는 몇 시간 동안 도로 바닥에 누워서 작품 활동을 했다고 하였고 이것이 체포된 원인이다.

4 a. Florence Nightingale은 평생 아픈 사람들을 돌봤다. 그녀는 환자들에게 자신을 헌신했다.
　b. 그 목걸이는 Jenny의 할머니가 그녀에게 주었기 때문에 Jenny에게 의미 있다.

◦ 구문

· We will be able to enjoy his art **as long as** people **continue to spit** their chewing gum on the pavement.
　→ as long as는 '～하는 한'이라는 뜻이다. continue는 동명사와 to부정사를 모두 목적어로 취한다.

⊃ 워크북 90쪽

Workbook　**A** **1** 달라붙다 **2** 바닥 **3** 뱉다 **4** 인도, 보도 **5** 버려진 **6** ～이 되다 **7** 만들어내다 **8** 수백의, 수많은 **9** 아주 작은 **10** 눕다 **11** ～에 헌신하다 **12** 의미 있는 **13** 체포하다 **14** 극도로, 매우 **15** 열정적인 **16** ～하는 한
B **1** Have you ever got a piece of gum **2** has been turned into beautiful art **3** devotes himself to creating meaningful work **4** was arrested for doing this **5** as long as people continue to spit

◦소재 돌고래와 인간 ⊃ 본책 12쪽

◦정답

1 ④ **2** ④ **3** (1) 척추동물이다. (2) 포유류이다. (3) 호흡을 하기 위해 폐를 사용한다. (4) 지능이 있는 동물이다. **4** a. intelligent b. breathe

◦해석

돌고래와 인간은 많은 특성들을 공유해서 그들은 여러 개의 같은 동물 무리에 속한다. 그들은 둘 다 척추동물이며, 이는 둘 다 등뼈를 가지고 있음을 의미한다. 그들은 또한 포유류이다. 이것은 그들이 그들의 새끼를 위해 젖을 만들어내고, 그들의 새끼는 알에서 부화되지 않고 산 채로 태어난다는 것을 의미한다. 또한, 포유동물로서 그들은 호흡하기 위해 폐를 사용한다. 호흡하기 위해 돌고래는 물의 표면으로 헤엄쳐 올라온다. 그것은 머리 위에 있는 분수공이라 불리는 구멍을 통해 공기를 들이마신다. 인간은 코와 입을 통해 공기를 호흡한다. 돌고래와 인간은 지능이 있는 동물로 생각된다. 그들은 둘 다 몸 크기에 비해 큰 뇌를 가지고 있다.

◦해설

1 돌고래와 인간이 어떤 면에서 공통점을 갖는지를 설명하는 글이다. 따라서 제목으로는 ④ '돌고래와 인간이 많은 공통점을 갖고 있다'가 적절하다.
① 척추동물은 포유류에 속한다   ② 세계에서 가장 영리한 동물은 산 채로 태어난다
③ 같은 무리의 동물들의 특성   ④ 돌고래와 인간은 많은 공통점을 갖고 있다
⑤ 돌고래와 인간이 숨 쉬는 방법의 차이

2 ④ 돌고래와 인간이 영리한 동물로 '생각되는 것(수동)'이므로 are considered가 되어야 한다.

3 돌고래와 인간의 공통점은 첫째로 척추동물로서 등뼈가 있으며, 둘째로 포유동물로서 새끼를 위해 젖을 만들어낸다. 셋째로 호흡을 하기 위해 폐를 사용하며, 마지막으로 몸에 비해 두뇌가 크며 지능이 있다.

> 질문: 돌고래와 사람이 공통으로 지니고 있는 네 가지 특성들은 무엇인가?

4 a. 이 동물은 생각하고 이해하고 빨리 배울 수 있는 능력을 가졌기 때문에 <u>지능이</u> 있다.
b. 공기가 너무 더러워서 우리는 거의 <u>숨을</u> 쉴 수가 없었다.

◦구문

• They are both vertebrates, **which** means they both have a backbone.
→ 계속적 용법의 관계대명사 which의 선행사는 vertebrates가 아니라 앞 문장 전체이다.

• This means they produce milk for their young, and **their young are born live**, not hatched from eggs.
→ their young are born live는 수동태 구문으로 bear(–bore–born)의 불규칙 변화형에 주의한다. born live는 '(알이 아니라) 살아있는 상태로 태어난다'는 의미인데, 알에서 부화하는 것과 대조적인 의미이다.

⊃ 워크북 91쪽

Workbook Ⓐ **1** ~을 공통점으로 가지다 **2** 특성, 속성 **3** ~에 속하다 **4** 척추동물 **5** 둘 다 **6** 등뼈, 척추 **7** 포유동물 **8** 생산하다, 만들어내다 **9** 태어나다 **10** 부화하다 **11** 폐, 허파 **12** 호흡하다 **13** 표면 **14** 받아들이다 **15** 구멍 **16** (고래 머리 위의) 분수공 **17** ~라고 여기다 **18** 지능이 있는, 지적인
Ⓑ **1** have many traits in common **2** which means they both have a backbone **3** their young are born live, not hatched from eggs **4** takes in air through an opening **5** are considered intelligent animals

story Ⓐ ⦁소재 덴마크의 비만세　　　　　　　　　　　　　　　　　　　　⊃ 본책 14쪽

⦁정답

1 ④　**2** ②　**3** Fat Tax　**4** a. overweight　b. habit

⦁해석

만약 버터, 우유, 치즈 그리고 고기 같은 음식들에 세금이 심하게 부과된다면 당신은 어떻게 하겠는가? 2011년에 덴마크 정부는 사람들이 지방을 덜 먹게 하기 위해 '비만세'를 도입했다. 덴마크 국립보건청(국립 건강 의약품 당국)에 따르면 덴마크인의 47%가 과체중이었다. 그래서 나쁜 식사 습관을 바꾸기를 바라며 정부는 2.3% 이상의 포화지방이 함유된 음식에 세금을 부과하였다. 그러나 지방이 덜 들어있는 식품을 사는 대신에 덴마크 사람들은 더 싼 음식을 사기 위해 독일과 스웨덴으로 갔다. 그 결과, 많은 식품회사 종업원들이 그들의 직업을 잃었고, 제조사들은 부정적인 영향을 입었다. 불과 1년 만에 덴마크 정부는 그 세금을 폐지하기로 결정했다. 그 계획은 결국 실패로 끝나게 되었다.

⦁해설

1 덴마크 정부가 도입한 '비만세'로 인하여 2.3% 이상 포화지방이 함유된 음식 가격이 상승하였고, 덴마크 사람들은 더 싼 음식을 사기 위해 독일과 스웨덴으로 갔다. 그 결과 많은 종업원들이 직업을 잃고 제조사들이 부정적인 영향을 받았으며, 이러한 부정적인 영향으로 인해 덴마크는 결국 비만세를 폐지하기에 이르렀다고 하는 흐름이 자연스럽다. 따라서 주어진 문장은 ⓓ에 들어가는 것이 알맞다.

2 ② 비만세는 포화지방 함유량이 2.3% 이상 되는 음식에 부과된다. 47%는 덴마크 국민들의 비만율 수치이다.

3 덴마크 정부는 '비만세(Fat Tax)'가 별 효과가 없고 여러 부정적인 결과를 초래해서 1년 만에 폐지하기로 결정하였다.

> **'비만세'는 단지 1년만에 폐지되었다!**
> 만약 버터, 우유, 치즈 그리고 고기 같은 음식들에 세금이 심하게 부과된다면 당신은 어떻게 하겠는가? 2011년에 덴마크 정부는 '비만세'를 도입했다. …

4 a. 우리 집 개는 뚱뚱하지는 않지만 약간 과체중이다. 우리 개는 살을 좀 빼야 한다.
　　b. 내 여동생은 항상 그녀의 손톱을 물어뜯는다. 그녀는 그녀의 나쁜 습관을 버리려고 노력해야 한다.

⦁구문

· What **would** you **do if** food like butter, milk, cheese, and meat **were** heavily taxed?
　→ 가정법 과거 구문으로 현재 상황과 반대되는 가정을 나타낸다.

⊃ 워크북 92쪽

Workbook　Ⓐ **1** 세금을 부과하다; 세금　**2** 정부　**3** 도입하다, 소개하다　**4** ~에 따르면　**5** 과체중의　**6** 함유량　**7** 폐지하다　**8** 결국 ~으로 끝나다　**9** 실패　**10** 그 결과　**11** 종업원, 직원　**12** 제조업자　**13** 부정적으로　**14** 영향을 미치다

　　　　　　Ⓑ **1** What would you do if　**2** in order to make people eat less fat　**3** Instead of buying less fatty foods　**4** food manufacturers were negatively affected　**5** ended up in failure

● 정답

1 ② **2** ③ **3** private space, public space, environmental issues **4** a. wooden b. private

● 해석

당신은 '헨젤과 그레텔'에 있는 것과 같은 사탕집에 살아보는 것을 꿈꾼 적이 있는가? 음, 신문으로 만든 집은 어떤가? (사탕 집에 사는 것은 쉽지 않다.) 15만 부 이상의 기부된 신문지들을 사용해서, Sumer Erek과 일부 주민들은 프로젝트로 5미터 높이의 신문 집을 만들어냈다. 말려진 신문지들은 나무 틀 안에 채워졌다. 신문지들을 말기 전에 몇몇 사람들은 개인적인 이야기들을 그 위에 썼다. Sumer Erek은 지역사회를 참여시킴으로써 사적인 공간을 공공의 공간으로 바꿨을 뿐만 아니라, 환경문제에 대한 인식도 높였다.

● 해설

1 신문으로 만든 집 프로젝트를 소개하는 내용의 글이므로 ⓑ '사탕 집에 사는 것은 쉽지 않다.'는 내용은 글의 흐름상 어색하다.
2 신문으로 집을 만든 프로젝트의 과정과 의의를 소개하는 글이다.
3 Sumer Erek은 지역사회를 참여시킴으로써 이전에 집이 사적인 공간이었다면 그 개념을 공공의 공간으로 바꾸었고, 버려지면 쓰레기가 되는 신문지로 집을 만들어서 환경문제에 대한 인식을 고취시켰다.

> Sumer Erek의 신문 집 프로젝트는 사적인 공간으로서의 '집'의 개념을 공공의 공간으로 바꾸었으며, 사람들에게 환경문제를 알려주는 것을 도왔다.

4 a. 피노키오는 목각 인형이었으나 그는 그의 아버지가 원했던 대로 진짜 소년이 되었다.
 b. 이것은 민감한 정보이기 때문에 나는 사적인 곳에서 너에게 이야기하고 싶어. 이 장소는 너무 개방되어 있어.

● 구문

· **Have** you ever **dreamed** of living in a candy house like the one in *Hansel and Gretel*?
 → 〈have+p.p.〉의 현재완료 시제를 사용하여 과거부터 현재까지의 경험을 묻고 있다.
· **It** is not easy **to live in a candy house**.
 → 주어 자리에 to부정사구가 올 경우, 보통 to부정사 대신 가주어 It을 쓰고 진주어인 to부정사구는 문장의 뒤로 보낸다.
· **Before** rolling up the newspapers, ~.
 → Before some people rolled up the newspapers의 부사절을 분사구문으로 바꾼 것이다. 일반적으로 분사구문에서 종속절의 접속사는 생략하지만, 분사구문의 뜻을 명확하게 하기 위해 남겨두기도 한다.

⊃ 워크북 93쪽

Workbook **A** 1 ~으로 만들어진 2 기부하다 3 주민; 지역의 4 말다 5 가득 채우다 6 나무로 된 7 틀 8 사적인 9 공공의 10 참여시키다, 끌어들이다 11 지역사회 12 높이다 13 인식, 자각 14 환경의 15 개념 16 A에게 B를 알려주다
B 1 Have you ever dreamed of living 2 to live in a candy house 3 Using over 150,000 donated newspapers 4 Before rolling up the newspapers 5 turned a private space into a public space

story Ⓐ ◆소재 백색 소음　　　　　　　　　　　　　　　　　　　　　　⊃ 본책 18쪽

◆정답

1 ⑤　　**2** ⑤　　**3** block out distracting noises 또는 relax or fall asleep　　**4** a. blend b. distracting

◆해석

모든 빛의 색깔이 함께 섞이면, 그것들은 백색 빛을 만들어낸다. 그렇다면, 그것은 모든 소리가 함께 섞이면 그것들이 백색 소음을 만들어낸다는 것을 의미하는가? 그렇다! 백색 소음은 모든 다른 진동수의 소리들이 혼합된 것이다. 백색 소음은 모든 진동수를 갖고 있기 때문에, 그것은 다른 소리들을 차단하기 위해 종종 쓰인다. 예를 들어, 옆방에서 음성이 들리면 당신은 선풍기를 켜서 그 소리가 안 들리게 할 수 있다. 선풍기는 백색 소음 같은 소음을 만들어낸다. 연구자들은 백색 소음 같은 꾸준하고 평화로운 소리가 집중을 방해하는 소음을 차단할 수 있다는 것을 보여주었다. 이런 소리는 마음을 차분하게 가라앉히고 당신이 휴식을 취하거나 잠이 들게 도와준다.

◆해설

1 빈칸 뒤에 백색 소음이 다른 소리를 차단하는 예가 이어지고 있으므로, 빈칸에는 예시를 나타내는 연결어가 알맞다.
　① 결국　② 그 대신에　③ 하지만　④ 게다가　⑤ 예를 들어
2 ⑤는 '백색 소음 같은 꾸준하고 평화로운 소리가 집중을 방해하는 소음을 차단할 수 있다는 것을 보여주었다 (a steady peaceful sound, such as white noise, can block out distracting noises)'라는 내용과 반대되는 진술이다.
3 백색 소음은 집중을 방해하는 소리를 차단하고 싶을 때, 또는 휴식을 취하거나 잠이 들 때 도움을 줄 수 있다.
4 a. 빨간색과 흰색을 섞으면, 분홍색을 얻게 될 것이다.
　b. 그 음악은 매우 집중을 방해해서, 나는 읽기에 집중할 수 없었다.

◆구문

· Because white noise has all frequencies, it **is** often **used to block out other sounds**.
　→ is used는 〈be동사+p.p.〉 구조의 수동태이며, to block out ~은 목적을 나타내는 to부정사의 부사적 용법이다.
· For example, if you hear voices from the room next door, you can turn on a fan **to drown out the voices**.
　→ to drown out the voices는 목적을 나타내는 to부정사의 부사적 용법이다.

⊃ 워크북 94쪽

Workbook　　Ⓐ **1** 섞이다　**2** 만들어내다　**3** 혼합, 조합　**4** 차단하다, 막다　**5** ~을 켜다　**6** (소리를) 안 들리게 하다　**7** 연구자　**8** 꾸준한, 지속적인　**9** 평화로운　**10** 집중을 방해하는　**11** 소음　**12** (마음을) 차분히 가라앉히는　**13** 휴식을 취하다, 긴장을 풀다　**14** 잠들다
Ⓑ **1** is often used to block out other sounds　**2** turn on a fan to drown out the voices　**3** a noise like white noise　**4** such as white noise　**5** can help you fall asleep

〔정답〕

1 ⑤ **2** warm-blooded **3** ④ **4** a. temperature b. fuel

〔해석〕

볼이 없는 몇몇 동물들은 저녁 식사를 통째로 삼킨다. 그리고 그런 동물들 중 일부는 그다지 많이 먹지 않는다. 비단뱀은 한 달에 한 번 새끼 돼지를 꿀꺽 삼킬지 모른다. 몇몇 개구리와 도마뱀들은 일주일에 단지 두세 번 곤충을 삼킬지 모른다. 이런 생명체들은 냉혈이기 때문에 많이 먹을 필요가 없다. 그들의 몸은 그들이 살고 있는 공기나 물과 똑같은 온도를 취한다. 이는 그들이 자신들의 몸을 따뜻하게 하기 위해 음식이 그들에게 주는 연료를 필요로 하지 않는다는 의미이다. 반면에, 포유동물은 추울 때 따뜻하게 유지하기 위해 열을 만들어야 한다. 그들은 온혈 동물이다. 그들은 자신들의 몸을 따뜻하게 하기 위해 개구리나 도마뱀보다 10배가 넘는 음식을 먹어야 한다. 그것이 당신과 같은 일반적인 인간 포유동물이 하루에 여러 번 먹어야 하는 이유이다.

〔해설〕

1 비단뱀, 개구리, 도마뱀에 대해 설명한 뒤, (A) 이후부터 포유동물에 관한 설명이 시작되므로 대조의 연결어가 알맞다.
　　① 게다가 ② 따라서 ③ 그 결과 ④ 예를 들어 ⑤ 반면에
2 냉혈 동물은 자신들의 몸을 따뜻하게 하기 위해 연료가 되는 많은 음식이 필요하지 않은 반면, 온혈 동물들은 자신들의 몸을 따뜻하게 하기 위해 냉혈 동물보다 10배가 넘는 음식을 먹어야 한다는 것을 설명하고 있다.
3 체온을 따뜻하게 유지하기 위해 먹이를 먹는 것은 포유동물이다.
　　① 자주 먹지 않는다 ② 음식을 씹지 않는다 ③ 냉혈 동물이다 ④ 따뜻하게 유지하기 위해 먹는다
　　⑤ 볼이 없다
4 a. 기온은 저녁보다 낮에 더 높다.
　　b. 그의 차에 연료가 다 떨어져서 그는 주유소에 갔다.

〔구문〕

· Their bodies take on **the same** temperature **as** the air or water they live in.
　→ 〈the same ~ as ...〉는 '…와 같은 ~'이라는 뜻이다. they live in 앞에는 목적격 관계대명사 which 또는 that이 생략되었다.
· They need to eat **10 times more food than** frogs or lizards *do* **to keep their bodies warm**.
　→ 10 times more food than ~은 '~보다 10배 많은 음식'이라는 뜻의 배수 비교 구문이다. do는 eat을 대신하는 동사이고, to keep ~은 목적을 나타내는 부사적 용법의 to부정사로 '~을 유지하기 위해'라는 뜻이다.

⊃ 워크북 95쪽

Workbook **A** **1** 볼, 뺨 **2** 삼키다 **3** 만찬, 저녁 식사 **4** 통째 **5** 새끼돼지 **6** 도마뱀 **7** 곤충 **8** 생명체, 생물 **9** 냉혈의 **10** 온도 **11** 요구하다, 필요로 하다 **12** 연료 **13** (~인 채로) 있다 **14** 일반적인, 평범한
B **1** swallow their supper whole **2** only two or three times a week **3** take on the same temperature as the air **4** the fuel that food provides them **5** eat 10 times more food than lizards do

story Ⓐ ᵔ소재 피라미드의 건설 방법 ᗒ본책 22쪽

ᵔ정답

1 ① **2** ① **3** wooden rollers, sleds **4** a. ② b. ③ c. ①

ᵔ해석

피라미드는 고대 세계의 가장 인상적인 기념물 중의 하나이다. 사람들은 종종 어떻게 이집트인들이 그렇게 오래 전에 그런 거대한 건축물들을 지을 수 있었는지 궁금해한다. 그러나 피라미드는 만약 이용할 수 있는 값싼 일꾼들만 충분하다면 건축하기가 그렇게 힘들지 않다. 그것들은 그저 위로 더 가벼운 돌들을 올려놓은 잘린 돌들의 큰 더미이다. 우선, 일꾼들은 땅에 작고 평범한 돌무덤을 지었다. 그러고 나서 그들은 약 2킬로미터 정도 떨어진 채석장에서 아마 나무로 된 굴림대나 썰매로 많은 큰 돌덩이들을 건설 현장까지 옮겼다. 그러고 나서 그들은 아마도 흙으로 된 긴 경사면을 짓고 돌들을 그 위로 굴려 올렸을 것이다. 그들은 계속해서 경사면을 더 높고 더 길게 만들었다. 피라미드가 완성되었을 때, 그들은 흙으로 된 경사면을 제거했다.

ᵔ해설

1 ⓐ는 '피라미드'를 의미하고, ⓑ~ⓔ는 모두 '피라미드 건축에 참여한 사람들'을 의미한다.
2 본문에 따르면 피라미드 건축은 값싼 인력이 충분하기만 하면 힘든 일이 아니라고 했으므로 ①이 일치하지 않는다.
3 '그들은 아마도 나무로 된 롤러나 썰매로 큰 돌덩이들을 옮겼다(they moved many large stone blocks .... probably on wooden rollers or on sleds)'라는 표현에서 probably를 perhaps로, on을 by -ing로 바꿔 표현한 것이다.

> 아마도 피라미드를 건축한 일꾼들은 <u>나무로 된 굴림대나 썰매</u>를 이용해서 큰 돌덩이들을 옮겼을 것이다.

4 a. 인상적인 – ② 좋은 인상을 주는
  b. 풍부함 – ③ 무언가의 양이 많음
  c. 경사면 – ① 높이가 다른 두 층을 연결하는 경사진 표면

ᵔ구문

· They **kept making the ramps higher and longer**.
  → 〈keep＋-ing〉는 '계속 ～하다'는 의미이고, 〈make＋목적어＋목적격보어(형용사)〉는 '～가 …하게 만들다'는 의미이다.
· **When a pyramid was done**, they removed the earth ramps.
  → 시간을 나타내는 접속사 when은 '～ 할 때'의 의미이고, 피라미드가 완성되는 것이므로 〈be동사＋p.p.〉의 수동태 구문이 쓰였다.

ᗒ워크북 96쪽

Workbook Ⓐ **1** 인상적인, 감명을 주는 **2** 기념물 **3** 고대의 **4** 이집트인 **5** 거대한 **6** 많은 **7** 이용 가능한 **8** 더미 **9** 평범한 **10** 무덤 **11** 아마도 **12** 굴림대, 롤러 **13** 썰매 **14** 흙, 먼지 **15** 제거하다, 없애다 **16** 아마도
Ⓑ **1** one of the most impressive monuments **2** how the Egyptians could build such huge buildings **3** with lighter stones over the top **4** kept making the ramps higher and longer **5** When a pyramid was done

• 소재 키덜츠(kidults)

➲ 본책 24쪽

• 정답

1 ②　**2** ⑤　**3** less stress and responsibility　**4** a. responsibilities b. intentionally

• 해석

만화영화에서 나온 귀여운 캐릭터, 레고 블록과 프라모델은 더 이상 아이들에게만 속해 있지 않다. 우리는 키티 전화 케이스나 태블릿 PC 케이스가 있는 많은 어른들을 본다. 동물의 귀나 날개가 있는 옷 역시 20대나 30대 사람들에게 매우 인기가 있다. 점점 많은 사람들이 그들 안의 아이를 그들에게 상기시켜 줄 과거의 물건들을 찾고 있다. 우리는 이런 사람들을 'kidults(키덜츠)'라고 부른다. 이 용어는 두 개의 영어 단어, 'kids(아이들)'와 'adults(어른들)'에서 왔는데, 이는 어린 시절과 관련된 다양한 활동들을 하는 것을 즐기는 어른들을 일컫는다. 많은 어른들이 그들의 어린 시절, 즉 더 적은 스트레스와 책임이 있었던 때를 그리워하게 됨에 따라, 어떤 상품들은 의도적으로 이런 사람들을 목표로 한다. 키덜츠 유행은 오랫동안 있을 유행이다.

• 해설

1 ⓑ 선행사가 사물인 경우에 관계대명사 which/that을 쓰지만, 관계대명사 앞에 콤마(,)를 동반한 계속적 용법의 경우 that을 쓸 수 없다. (→ which)

2 ⑤에 대한 답으로 20대와 30대의 사람들에게 동물 귀나 날개가 달린 옷들이 인기가 있다고 언급되어 있다.

① 누가 '키덜츠'라는 말을 처음 사용했나?
② 언제 '키덜츠' 유행이 시작되었나?
③ '키덜츠'는 어떤 어른 활동을 하는가?
④ 얼마나 빠르게 '키덜츠'의 수가 증가하고 있나?
⑤ 어떤 연령층에게 동물 귀나 날개가 달린 의상들이 인기가 있나?

3 As many adults miss their childhood 이후의 내용에서 그 이유를 찾을 수 있다.

> 질문: 왜 많은 어른들이 그들의 어린 시절을 그리워하는가?
> 대답: 그들은 어렸을 때 더 적은 스트레스와 책임이 있었기 때문이다.

4 a. 그들은 그들의 부모로서의 권리와 책임을 아는 것 같아 보인다.
b. 그는 의도적으로 그 뉴스를 언론에 말했다. 그것은 실수가 아니었다.

• 구문

• A growing number of people are looking for things from the past **that** remind them of their inner child.

→ that은 선행사 things를 수식하는 주격 관계대명사이다.

➲ 워크북 97쪽

Workbook

Ⓐ **1** 캐릭터, 등장인물　**2** ~에 속하다　**3** 인기 있는　**4** 많은　**5** A에게 B를 상기시키다　**6** 내면의, 내부의　**7** 용어　**8** ~을 나타내다　**9** 그리워하다　**10** 어린 시절　**11** 책임　**12** 제품　**13** 의도적으로　**14** 겨냥하다　**15** 유행, 경향　**16** ~의 수

Ⓑ **1** do not only belong to children anymore　**2** that remind them of their inner child　**3** We call these people "kidults."　**4** adults who enjoy doing various youth-related activities　**5** that will be here

story A

◆ 소재 매운 음식으로 인한 고통을 줄이는 방법

○ 본책 26쪽

◆ 정답

1 ③ **2** ① **3** spicy oil **4** a. spread b. bind

◆ 해석

매운 음식은 항상 사랑받아왔다. 그러나 때때로 당신은 매운 것을 먹은 후에 당신의 매운 입 안을 진정시켜줄 소방관이 필요하다고 느낄 수 있다. 그런 일이 일어났을 때, 냉장고에서 음료를 집어라. 그런데 무엇을 집을까? 오렌지 주스 또는 물? 우유는 어떤가? 고추는 당신의 혀의 감지기관을 아프게 하는 매운 기름을 포함하고 있다. 한 잔의 찬물이나 주스는 그 고통을 감소시킬(→ 증가시킬) 것이다. 기름과 물은 섞이지 않기 때문에, 물이나 물을 기반으로 한 음료는 실제로 고통을 감소시키기보다 매운 기름을 확산시킨다. 반면에, 우유는 매운 기름과 결합해 그것을 씻어내는 기름기를 좋아하는 화학물질이 있다. 따라서 다음에 당신의 입안이 불난 것처럼 느껴질 때는 <u>우유 한 잔을 마셔라.</u>

◆ 해설

1 Because ~ 이후의 내용으로 보아, 매운 음식으로 인한 고통을 감소시키는 우유의 효과와 비교했을 때, 찬물이나 주스는 고통 감소 효과가 없으며 오히려 매운 기름을 확산시킨다는 것을 알 수 있다. 따라서 ⓒ의 decrease는 increase로 바뀌어야 자연스럽다.

2 결론에 해당하는 마지막 문장은 '매운 음식을 먹었을 때 물을 기반으로 한 음료 대신 우유를 마시라'는 내용이 알맞다.
① 우유 한 잔을 마셔라   ② 물을 천천히 마시지 마라
③ 마시기 전에 입안을 헹궈라   ④ 당신의 체중을 위해서 무지방 우유를 선택하라
⑤ 통증을 완화하기 위해 시원한 것을 마셔라

3 '우유에는 매운 기름과 결합한 후 그것을 씻어내는 화학물질이 있다'는 내용이므로, it은 바로 앞의 spicy oil을 가리킴을 알 수 있다.

4 a. 신종 플루 바이러스가 전 세계로 계속해서 확산되었다.
b. 나는 머리카락을 풀어 두지 않는다. 나는 대개 내 머리카락을 뒤로 묶는다.

◆ 구문

· ~ water-based drinks will actually spread the spicy oil **rather than** reduce the pain.
 → 〈A rather than B〉는 'B보다는 오히려 A'라는 뜻으로, spread the spicy oil과 reduce the pain을 비교하고 있다.

· So, **the next time** your mouth burns, have a glass of milk.
 → the next time은 시간을 나타내는 부사절을 이끌어 '다음에 ~할 때'라는 의미로 쓰인다. 이때 the next time 앞에 전치사 at이나 뒤에 관계부사 when 없이 쓰인다는 점에 유의한다.

○ 워크북 98쪽

Workbook Ⓐ **1** 매운 **2** 붙잡다 **3** 고추 **4** 감지기관 **5** 혀 **6** 아프게 하다, 고통을 느끼다 **7** 감소시키다 **8** 실제로 **9** 확산시키다; 확산되다 **10** 감소시키다 **11** 화학물질 **12** 씻어 내려보내다 **13** 화끈거리다 **14** (고통 등을) 덜어주다
Ⓑ **1** have always been loved **2** spicy oil that makes the sensors on your tongue hurt **3** spread the spicy oil rather than reduce the pain **4** which binds with spicy oil **5** The next time your mouth burns

소재 옛사람들의 기호

⊃ 본책 28쪽

정답

1 ⑤   **2** ④   **3** to tell each other about how to hunt animals or where to find them   **4** a. ③ b. ② c. ①

해석

기호는 문명의 초창기에 시작되었다. 최초의 사람들은 기호를 바위나 조개껍데기에 새겼다. 이 기호들은 사람이나 물건을 나타냈다. 그들은 식량을 위해 동물들을 사냥하고 견과류와 산딸기류를 채집했기 때문에 이 사람들은 수렵 채집인이라고 불렸다. 서로에게 어떻게 동물들을 잡고 어디서 그것들을 찾을 수 있는지 말해주기 위해 그들은 동굴 벽이나 동물의 가죽 위에 그림을 그렸다. 사람들이 작물을 키우기 시작했을 때, 그들은 또한 사람, 장소, 그리고 물건을 나타내기 위해 기호 체계를 사용했다. 어떤 초창기 예들은 고대 이집트에서 오는데, 거기에서는 사람들이 많은 다른 신들을 믿었다. 각 신은 그만의 상징을 가지고 있었다. 이집트에서 기호는 또한 물, 건물, 음식, 그리고 다른 삶의 부분들을 나타내기 위해 사용되었다.

해설

1 ⓐ, ⓑ, ⓒ, ⓓ는 기호를 사용했던 '수렵 채집인들'을 가리키고, ⓔ는 '동물들'을 가리킨다.

2 과거에 쓰인 기호들이 무엇을 나타냈는지를 설명하고 있다.

[문제] 위 글은 주로 무엇에 대해 말하고 있는가?
① 초기 기호들은 어떻게 가르쳐졌나?   ② 누가 수렵 채집인이라고 불렸나?
③ 사람들은 언제 작물을 키우기 시작했나?   ④ 과거의 기호들은 무엇을 나타냈나?
⑤ 최초의 사람들은 어디에 기호를 새겼나?

3 To tell each other about how to hunt animals or where to find them에서 수렵 채집인들이 동굴 벽에 그림을 그린 이유를 알 수 있다.

> 질문: 왜 수렵 채집인들은 동굴 벽에 그림을 그렸는가?
> 대답: 그들은 어떻게 동물들을 사냥하고 어디에서 그것들을 찾을 수 있는지 서로에게 알려주길 원했기 때문이다.

4 a. 동굴 – ③ 언덕 옆면에 있는 커다란 자연이 만들어낸 구멍
   b. 상징 – ② 특별한 의미를 가진 그림, 모양, 또는 글자
   c. 조각하다 – ① 나무나 돌을 잘라내서 무언가를 만들다

구문

· To tell each other about **how to hunt animals** or **where to find them**, ~.
  → how to ~, where to ~는 〈의문사+to부정사〉 구문으로 '어떻게 ~할지', '어디서 ~할지'를 뜻한다.
· Some of the earliest examples come from ancient Egypt, **where** people believed in ~.
  → where는 선행사 ancient Egypt를 부연 설명하는 계속적 용법의 관계부사절을 이끈다.

⊃ 워크북 99쪽

Workbook

Ⓐ **1** 상징 **2** 문명 **3** 새기다, 조각하다 **4** 바위 **5** 조개껍데기 **6** 나타내다 **7** 수렵 채집인 **8** 모으다 **9** 동굴 **10** 가죽 **11** 작물 **12** 상징하다, 의미하다 **13** 예시 **14** 고대의

Ⓑ **1** carved symbols onto rocks **2** were called hunter-gatherers **3** To tell each other about how to hunt animals **4** where people believed in many gods **5** Symbols were used to stand for

story A ·소재· 갈릴레오의 중력 실험 ⊃ 본책 30쪽

◦정답◦

1 ③ **2** ② **3** gravity **4** a. ② b. ③ c. ①

◦해석◦

만약 한 사람이 10파운드의 공 한 개와 5파운드의 공 한 개를 건물에서 동시에 떨어뜨린다면, 어느 것이 먼저 땅으로 떨어질까? 중력이 10파운드짜리 공을 더 세게 잡아당길까? 이것은 과학자 갈릴레오 갈릴레이에 대한 유명한 일화의 주제이다. 그는 이 질문의 답을 찾기 위해 피사의 사탑에서 두 물체를 떨어뜨려 보았다고 전해진다. 당신은 두 물체가 거의 동시에 땅에 떨어졌다는 것을 알면 놀랄지도 모른다. 중력은 모든 물체에 똑같이 작용해서 바람이 없는 한 물체는 거의 같은 속도로 떨어지게 된다. 그래서 만약 그 공들 중 하나가 낙하산에 연결되어 있었다면, 그것은 공이 천천히 내려오게 했을 것이다.

◦해설◦

1 바람이 없다면 중력은 모든 물체에 똑같이 작용한다는 의미이므로 ③이 적절하다.
    ① ~할 때 ② 만약 ~라면 ③ ~하지 않는 한 ④ ~한 곳에 ⑤ 비록 ~이지만
2 무게가 달라도 바람이 불지 않는 한 두 물체의 낙하 속도는 동일하다고 하였다. 중력은 물체의 무게에 비례해서 작용하는 것이 아니라 무게와 상관없이 동일하므로 ②는 일치하지 않는다.
3 갈릴레오는 중력이 모든 물체에 똑같이 작용한다는 것을 실험으로 증명하려고 했다.

> 갈릴레오의 실험에 의하면 질량이 다른 두 물체는 <u>중력</u>이 그것들에 똑같이 작용하기 때문에 동시에 땅에 떨어진다.

4 a. 기울어지다 – ② 구부러지거나 기울다
    b. 떨어뜨리다 – ③ 땅에 떨어지게 하다
    c. 붙이다 – ① 합치거나 조이거나 연결하다

◦구문◦

· You **might** be surprised **to find out** ~.
    → might는 '~일지도 모른다'는 추측을 나타내는 조동사이고, to find out은 to부정사의 부사적 용법으로 감정의 원인을 나타낸다.
· So **if** one of those balls **had been attached** to a parachute, it **would have slowed** the ball down.
    → 과거 사실의 반대 상황을 가정하기 위해 가정법 과거완료 〈if+주어+had p.p., 주어+조동사의 과거형+have p.p.〉가 쓰였으며, '만약 ~했더라면, …했을 텐데'라는 의미이다.

⊃ 워크북 100쪽

Workbook Ⓐ **1** 동시에 **2** 중력 **3** 잡아당기다 **4** 주제 **5** 물체 **6** 기울어지다 **7** 놀란 **8** 붙이다 **9** 낙하산 **10** 속도를 늦추다 **11** ~에 따르면 **12** 실험 **13** 질량 **14** ~ 때문에
Ⓑ **1** one will hit the ground first **2** the topic of a famous story about Galileo Galilei **3** to find the answer to this question **4** You might be surprised to find out **5** If one of those balls had been attached to a parachute

정답

1 ④ **2** ② **3** How to Clear **4** a. stuffy b. steam

해석

당신은 코가 막히는 것에 지치시나요? 여기에 막힌 코를 뚫는 몇몇 유용한 방법들이 있습니다. 첫째, 뜨거운 물 한 잔에 소금 한 티스푼을 넣으세요. 점적기를 사용해서 약간의 소금물을 당신의 콧속에 떨어뜨리고 그것이 몇 초 동안 거기에 머무르도록 하세요. 다른 방법은 뜨거운 샤워를 하는 것입니다. 당신이 샤워하는 동안에 증기를 들이마셨다 내쉬세요. 샤워하기를 원치 않는다면 당신은 그냥 뜨거운 물 위에 머리를 두고 증기를 들이마셨다가 내쉬어도 됩니다. 당신의 머리를 수건으로 덮는 것이 도움이 됩니다. 마지막으로, 당신의 코에 열을 가하세요. 물에 적신 작은 타올을 전자레인지에 데우고 그것을 약 30초 동안 당신의 코 위에 놓아두세요. 당신이 숨을 더 잘 쉴 수 있을 때까지 반복하세요.

해설

1 ⓓ 동사원형으로 시작하는 명령문이 and로 연결된 구조이므로 leaving을 leave로 써야 한다.
2 막힌 코를 뚫는 방법으로 점적기를 사용하여 소금물이 코에 머무르게 하는 것(a), 코 위에 따뜻하게 데운 물수건을 얹는 것(d), 그리고 샤워하며 증기를 마시는 것(e)이 제시되었다.
3 이 글에는 코막힘을 해결하기 위한 여러 가지 방법들이 제시되어 있으므로, 제목으로는 '막힌 코를 뚫는 법'이 알맞다. ⟨how to+동사원형⟩을 이용해서 '～하는 법'을 표현한다.
4 a. 신선한 공기가 들어오게 창문 좀 열 수 있니? 방이 <u>답답하다</u>.
    b. 물이 끓을 때, 뜨거운 <u>증기</u>가 주전자에서 나온다.

구문

• ~ **let** it **rest** there for a few seconds.
    → 사역동사 let은 목적격보어 자리에 동사원형을 취한다. 이와 같은 동사들로는 have, make 등이 있다.
• **Another way** is **having** a hot shower.
    → another는 '또 하나의'라는 뜻으로 뒤에 단수 명사가 온다. having은 동명사로 보어 역할을 한다.
• Lastly, **apply** heat to your nose.
    → 주어 없이 동사원형으로 시작하는 명령문이다.

⟳ 워크북 101쪽

Workbook Ⓐ **1** ~에 질리다, ~로 지치다 **2** 막힌, 답답한 **3** 유용한 **4** 더하다 **5** 머무르다, 그대로 있다 **6** 숨을 쉬다 **7** 증기, 김 **8** 샤워를 하다 **9** 덮다 **10** 마지막으로 **11** 적용하다, 가하다 **12** 열; 따뜻하게 만들다 **13** 전자레인지 **14** 반복하다

Ⓑ **1** some helpful ways to clear a stuffy nose **2** let it rest there for a few seconds **3** way is having a hot shower **4** Covering your head with a towel **5** apply heat to your nose

story A **소재** 요정 Echo

⊃ 본책 34쪽

정답

1 ④   2 ③   3 Echo가 들은 말의 마지막 단어만 말할 수 있게 되는 것   4 a. distracted b. punish

해석

그리스 신화에 자신의 목소리를 사랑했던 Echo라는 이름의 요정이 있었다. Echo는 요정들의 무리와 숲에서 이야기를 하며 시간을 보냈다. Echo에게는 하나의 문제가 있었다. 그녀는 너무 수다스러웠다. (B) 어느 날, Hera는 그녀의 남편 Zeus를 찾고 있었는데, 그는 숲에서 Echo 및 다른 요정들과 시간을 보내고 있었다. (A) Echo는 Hera의 옆을 차지하고 길고 재미있는 이야기로 Zeus가 살그머니 떠날 수 있을 때까지 그녀의 주의를 다른 곳으로 돌렸다. (D) Hera는 Echo가 그녀를 속였다는 것을 깨달았을 때, 가장 잔인한 방법으로 그녀를 벌했다. (C) 그녀는 "Echo는 그녀에게 말해진 것만 말할 수 있을 것이다. 그녀는 항상 그녀가 들은 마지막 단어만 말할 것이다."라고 말했다.

해설

1 Echo가 어떤 일로 인해 Hera를 화나게 했는지가 먼저 나오고, 그 뒤에 Hera가 Echo를 벌한 내용이 나오도록 배열한다.

2 자신의 목소리를 사랑했던 Echo가 Hera를 속인 벌로 자신이 들은 마지막 단어만 말하는 벌을 받았으므로 Echo의 심정은 절망적이었을 것이다.
① 자랑스러운 ② 만족한 ③ 절망한 ④ 감동한 ⑤ 무관심한

3 Echo가 말로 자신을 속인 것을 알고 Hera는 Echo가 들은 말의 마지막 말만 할 수 있게 하는 벌을 내렸다.

> 질문: Echo가 했던 일에 대한 Hera의 벌은 무엇이었나?

4 a. 그 소년이 중얼거리고 있었다. 그는 내가 공부하는 데 집중이 안 되게 했다.
  b. 나의 부모님은 내가 그들에게 거짓말을 했을 때 나를 벌하시곤 했다.

구문

• One day, Hera was looking for her husband, Zeus, **who** was hanging out with Echo and the other nymphs in the forest.
→ 관계대명사가 콤마(,) 뒤에 쓰인 경우 관계대명사의 계속적 용법이라 하고, 이때 관계사절은 앞에 있는 선행사에 대한 추가적인 정보를 제공해 준다.

• Echo will only be able to speak **what** is spoken to her.
→ 관계대명사 what은 선행사를 포함하는 관계대명사로 '~하는 것'으로 해석된다. the thing that[which]으로 바꾸어 쓸 수 있다.

⊃ 워크북 102쪽

Workbook
Ⓐ 1 그리스의 2 신화 3 요정 4 잡담하다 5 수다스러운 6 옆을 차지하다 7 주의를 다른 곳으로 돌리다 8 재미있는 9 살그머니 떠나다 10 ~와 시간을 보내다 11 속이다, 놀리다 12 벌주다 13 잔인한 14 벌, 처벌

Ⓑ 1 a nymph named Echo who loved her own voice 2 who was hanging out with Echo and the other nymphs 3 what is spoken to her 4 the last word she hears 5 realized that Echo had fooled her

소재 두려움의 긍정적 효과 ⊃ 본책 36쪽

정답

1 ④　　2 frightened[scared], chemicals　　3 experience　　4 a. chemical b. fear

해석

당신 뒤에서 갑자기 문이 닫힌다면 어떨 것인가? 그것은 당신을 두려움으로 펄쩍 뛰게 만들지도 모른다. 그러나 두려워하는 것은 당신에게 좋을 수 있다. 두려움은 당신의 몸에 건강한 화학물질을 만들어낸다. 그것들은 당신의 뇌를 활동적으로 만들고, 당신의 몸을 흥분시킨다. 엔도르핀과 도파민이 그런 것들이며, 그것들은 행복한 감정을 만들어낸다. 또한, 당신이 겁먹을 때, 당신의 몸은 옥시토신이라는 화학물질을 만든다. 이 화학물질은 사람들을 함께하도록 돕는다. 무서운 경험은 사람들이 더 가까워지도록 할 수 있다. (새로운 인간관계를 만드는 것은 우리 삶에서 중요한 기술이다.) 그래서 당신이 친구들과 유령의 집에 있다면, 함께 두려움을 느끼는 것이 당신의 우정을 더욱 강하게 만들어 줄 수 있다.

해설

1 두려움의 긍정적 효과 가운데 인간관계를 친밀하게 해줄 수 있다는 내용이 이어지는 중에 새로운 인간관계 형성의 중요성을 언급한 ⓓ는 글의 흐름에서 벗어난다.

2 이 글의 요지는 두려움이 엔도르핀, 도파민, 옥시토신과 같은 화학물질을 방출해 신체를 활발하게 하고 인간관계를 돈독히 해주는 장점이 있다는 것이다.

> 당신이 두려움을 느낄 때, 당신의 몸은 건강에 좋은 화학물질을 방출하는데, 그것들이 당신을 행복하게 느끼게 하고 다른 사람들과 가깝게 느끼게 한다.

3 '어떤 사람의 삶이나 성격을 형성하는 과거의 사건, 지식, 감정'은 '경험(experience)'이다.

4 a. 너무 많은 양의 커피는 당신을 깨어있게 한다. 그것은 카페인이라고 불리는 화학물질 때문이다.
　 b. 그녀는 가까스로 비행 공포를 극복했다.

구문

· They **make** your brain **active** and **excite** your body.
　→ 주어 They의 동사로 make와 excite가 쓰였다. 〈make+목적어+형용사〉의 구조는 '~이 …한 상태가 되게 하다'라는 뜻이다.
· Also, when you feel scared, your body makes a chemical **called oxytocin**.
　→ called oxytocin은 a chemical을 수식하는 과거분사구로, called 앞에 which is가 생략된 형태이다. '옥시토신이라고 불리는'으로 해석한다.

⊃ 워크북 103쪽

Workbook

Ⓐ 1 갑자기　2 닫히다　3 두려움, 공포　4 무서워하는　5 생산하다　6 건강에 좋은, 건강한　7 화학물질　8 활동적인　9 흥분시키다　10 무서운　11 관계　12 기술　13 유령이 자주 나오는　14 방출하다

Ⓑ 1 What if a door suddenly shut　2 Being frightened can be good　3 make your brain active and excite your body　4 your body makes a chemical called oxytocin　5 can make your friendships stronger

story Ⓐ

소재 식초의 살균 효과 　　　　　　　　　　　　　　　　　　　　　　　　⊃ 본책 38쪽

정답

1 ②　　**2** ⑤　　**3** ⓐ: be used　ⓑ: be used　　**4** a. effective　b. prevent

해석

당신의 냉장고 안의 무언가가 음식과 청소용품으로 모두 쓰일 수 있다! 당신은 그것이 무엇인지 짐작할 수 있는가? 이제 당신이 식초의 이점들에 대해서 알아야 할 때이다! 식초는 강력한 살균제이다. 실험들은 식초가 박테리아 제거에 99.9%의 효과가 있고, 곰팡이 방지에 약 90% 효과가 있음을 보여준다. 그것이 식초가 좋은 욕실 세정제로 쓰일 수 있는 이유이다. 많은 화학 세정제는 사용하기에 위험하고, 특히 그 화학물질을 흡입했을 때 더욱 위험하다. 베이킹 소다와 함께 식초를 사용하면 훨씬 안전하고 효과적이다. 게다가 식초는 곰팡이가 자라는 것을 방지할 수 있다. 곰팡이를 발견하면, 그것을 식초와 물의 혼합물로 닦아내고 건조시켜라.

해설

1 살균 효과와 세정 기능과 같은 식초의 유익한 용도를 설명하는 내용의 글이다.
　① 곰팡이의 원인들
　② 식초의 이점들
　③ 화학물질의 안전한 사용
　④ 식초가 어떻게 음식을 신선하게 유지하는가
　⑤ 왜 식초는 차갑게 보관해야 하는가
2 이 글은 식초가 강력한 살균 기능을 갖고 있기 때문에 화학 약품을 대신해서 효과적인 세정제로 쓰일 수 있음을 알려주고 있다.
3 ⓐ, ⓑ use(사용하다)의 주어는 something, it(=vinegar)으로 모두 사물이다. 주어가 사람에 의하여 사용을 당하는 것이므로 수동태 구문이 필요하다. 조동사가 포함된 수동태는 〈조동사+be+과거분사〉 형태로 표현하므로 ⓐ, ⓑ 모두 be used가 되어야 한다.
4 a. 이 약은 감기에 매우 효과적입니다. 그것은 당신이 기침하는 것을 멈추게 도와줄 것입니다.
　b. 밀가루를 반죽으로 만든 후에, 그것이 마르는 것을 방지하기 위해 젖은 수건으로 덮어두어라.

구문

· **That is why** it can be used as a good bathroom cleaner.
　→ that is why는 '그것이 ~한 이유이다'라는 의미로 why 뒤에는 결과에 해당하는 내용이 온다.
· In addition, vinegar can **prevent** mold **from growing**.
　→ 〈prevent+목적어+from -ing〉는 '~가 …하는 것을 막다'의 의미이다.

　　　　　　　　　　　　　　　　　　　　　　　　　　　　　⊃ 워크북 104쪽

Workbook　　Ⓐ **1** 냉장고 **2** 제품 **3** 짐작하다, 추측하다 **4** 식초 **5** 세균 **6** 효과적인 **7** 곰팡이 **8** 특히 **9** ~을 들이쉬다 **10** 게다가 **11** 막다, 방지하다 **12** 자라다 **13** 닦다 **14** 혼합물 **15** 원인 **16** 혜택, 이점
　　Ⓑ **1** both a food and a cleaning product **2** to be about 90% effective against mold **3** That is why vinegar can be used **4** can be dangerous to use **5** can prevent mold from growing

◦소재 생일 케이크에 꽂는 초의 유래   ⊃ 본책 40쪽

◦정답

1 ③   **2** ④   **3** the moon   **4** a. respect b. represent

◦해석

'생일 축하합니다!' 당신은 생일 케이크 위의 초들을 불어서 끄기 전에, 왜 그렇게 하는지 궁금해한 적이 있는가? 생일 케이크 위에 초를 꽂는 것은 여러 세대를 전해져 내려온 전통이다. 그것은 고대 그리스인들에게로 거슬러 올라가는데, 그들은 신들에게 존경을 표하기 위해 종종 초를 태웠다. 그들은 달을 상징하는 둥근 케이크를 구웠고 달빛을 의미하기 위해 초가 더해졌다. 이 전통은 독일에서도 인기 있었다. 종교적인 이유로 독일인들은 케이크의 가운데에 '생명의 빛'을 상징하는 큰 초 하나를 두었다. 다른 나라들에서, 사람들은 초의 연기가 그들의 소망을 하늘의 신에게 가져다 준다고 믿었다.

◦해설

1 주어진 문장에서 '이 전통이 독일에서도 인기 있었다'고 하였으므로, 주어진 문장 뒤부터 독일인들의 생일 초에 관한 풍습이 이어져야 한다. 따라서 주어진 문장은 ⓒ에 들어가야 흐름이 자연스럽다.

2 고대 그리스인들이 처음으로 달을 상징하는 둥근 케이크를 만들어 초를 꽂는 전통을 만들었고, 독일인들은 생명의 빛을 상징하는 초를 하나만 꽂는 것으로 바꾸었다. 연기가 소망을 신에게 가져다 준다고 믿는 나라들의 이름은 제시되지 않았다.
   ① 누가 처음으로 케이크에 초를 꽂기 시작했나?
   ② 독일인들에게 초는 무슨 의미였는가?
   ③ 독일인들은 케이크에 몇 개의 초를 꽂았나?
   ④ 어느 나라에서 연기가 소망을 가져간다고 믿어졌나?
   ⑤ 고대 그리스인들에게 둥근 케이크는 어떤 의미였나?

3 They baked round cakes to represent the moo에서 대명사 They는 the ancient Greeks를 가리키고, '상징하다'라는 의미의 represent는 stand for로 바꿔 표현할 수 있다.

> 고대 그리스 사람들은 달을 상징하기 위하여 둥근 케이크를 구웠다.

4 a. '장유유서'는 연장자에 대한 우리의 존경을 보여 주는 좋은 한국 풍습이다.
   b. 클로버의 네 잎은 믿음, 희망, 사랑, 그리고 행운을 상징한다고 한다.

◦구문

- **Putting candles on birthday cakes** *is* a tradition ~.
  → Putting ~ cakes가 주어이며, 동명사구가 주어로 쓰이면 단수 취급하므로 단수 동사 is가 쓰였다.
- For religious reasons, Germans **would** place a large candle ~.
  → would는 과거의 습관을 나타내는 조동사이다.

⊃ 워크북 105쪽

Workbook   Ⓐ **1** 불어서 끄다 **2** 양초 **3** 전통 **4** 전하다 **5** 세대 **6** ~로 거슬러 올라가다 **7** 고대의 **8** 그리스인 **9** 존경 **10** 상징하다, 나타내다 **11** 달빛 **12** 종교적인 **13** 이유 **14** 독일인
   Ⓑ **1** have you ever wondered **2** Putting candles on birthday cakes is a tradition **3** who often burned candles **4** were added to mean the moonlight **5** would place a large candle in the center of a cake

⊃ 본책 42쪽

story Ⓐ ┤소재├ 외래 식물종이 생태계에 미치는 영향

┤정답├

1 ④   **2** 토착 식물을 먹고 사는 곤충들이 먹이 부족으로 인해 위기에 처하는 것   **3** ④   **4** a. carry b. threatens

┤해석├

당신의 뒤뜰에 녹색 침입자가 있다는 것을 아는가? 그들은 우주에서 온 것이 아니라 다른 나라에서 왔다. 오랫동안, 다른 나라를 여행하는 사람들은 (그들의 고국에서 씨앗, 식물, 꽃, 채소를) 가져갔고, 그들의 고국에서 씨앗, 식물, 꽃, 채소를 들여왔다. 이제 비토착 식물의 막대한 수가 토착 식물을 위협하고 있다. 이것은 뒤뜰의 다른 이웃들인 곤충들에게 예상치 못한 문제를 가져온다. 과학자들은 90%의 초식 곤충들이 대개는 특정한 토착 식물만을 먹기 때문에 위기에 처해 있다고 말한다. 예를 들어, 주황검정나방 애벌레는 박주가리만 먹을 수 있다. 더 적어진 수의 박주가리는 더 적은 수의 애벌레를 의미하고, 이것은 더 적은 수의 새를 의미한다. 그 문제는 먹이그물을 따라간다.

┤해설├

1 이 글은 외래 식물로 인해 야기되는 문제점에 대한 내용의 글이다.
 ① 우리가 자연을 지키기 위해서 할 수 있는 일
 ② 벌레가 당신의 녹색 정원을 파괴하는 방법
 ③ 먹이 그물: 문제가 시작되는 곳
 ④ 다른 장소로부터 온 식물들이 일으키는 문제
 ⑤ 멸종 위기에 처한 동물들의 숫자가 증가하는 이유
2 정원의 다른 이웃들인 곤충에게 예상치 못한 문제가 생긴다는 의미로, 토착 식물과 공존하는 곤충에게 생기는 문제점을 파악한다.
3 이 문장에서 대명사 this는 접속사 and 이전의 모든 내용을 가리킨다. 즉 '더 적어진 수의 박주가리는 박주가리를 먹고 사는 애벌레가 더 적어지는 것'을 의미하고, 이것은 '애벌레를 먹고 사는 새가 적어지는 것'을 의미하게 된다.
4 a. 식물은 뿌리를 통해서 물과 무기질을 취하고 그것들을 잎으로 옮긴다.
 b. 기후 변화가 많은 동물들을 위협하면서, 그들 중 다수가 멸종 위기에 처해 있다.

┤구문├

· Now **the huge number** of non-native plants **is** threatening native plants.
 → 문장의 주어는 plants가 아니라 the huge number이므로 단수 동사 is를 쓴다.

⊃ 워크북 106쪽

Workbook Ⓐ **1** 침입자 **2** 뒤뜰 **3** 우주 **4** 씨앗 **5** 거대한 **6** 위협하다 **7** 토착의 **8** 예상치 못한 **9** 이웃 **10** 곤충, 벌레 **11** 위험에 처한 **12** ~을 먹다 **13** 대부분 **14** 먹이그물 **15** 파괴하다 **16** 멸종 위기에 처한
Ⓑ **1** but from other countries **2** is threatening native plants **3** has brought an unexpected problem to other neighbors **4** because they only feed on certain plants **5** this means fewer birds

소재 SNS

○ 본책 44쪽

정답

1 ② **2** ⑤ **3** get in contact with **4** a. communicate b. criticized

해석

오늘날, 거의 모든 사람이 다른 사람들과 의사소통하기 위해 어떤 종류의 SNS(소셜 네트워킹 서비스)를 사용한다. SNS로 우리는 자주 보지 못하는 사람들 그리고 거의 매일 보는 이들과 연락할 수 있다. 그들의 온라인 게시물들을 통해 우리는 그들이 무엇을 하고 어떻게 지내는지 쉽게 알아낼 수 있다. 우리가 서로 가깝게 연결되어 있는 것 같다. 하지만 SNS가 사람들이 속으로 생각하고 느끼는 것을 진짜로 보여줄 수 있을까? 사람들은 대개 그들이 어떻게 느끼거나 무엇을 생각하는지 정확하게 게시하지 않는다. 사람들은 다른 사람들이 그들을 비판할지도 모른다고 걱정하기 때문에 설사 그렇다 할지라도 그것이 100% 진실이 되기는 어렵다. 비록 SNS가 사람과 의사소통하는 쉬운 방법을 제공하지만, 그 사람을 정말 잘 알기 위해서는 얼굴을 마주보고 하는 의사소통이 여전히 필요하다.

해설

1 빈칸 앞부분은 '온라인 게시물들을 통해 그들이 무엇을 하고 어떻게 지내는지 쉽게 알아낼 수 있으며 서로 가깝게 연결되어 있는 것 같다'는 내용이고, 빈칸 뒤에서는 'SNS가 사람들이 속으로 생각하고 느끼는 것을 진짜로 보여줄 수 있을까?'라고 의문을 제시하고 있다. 따라서 역접의 연결어가 알맞다.
   ① 사실은 ② 하지만 ③ 그러므로 ④ 예를 들어 ⑤ 결과적으로
2 SNS가 사람들과 연락을 취하고 의사소통하는 쉬운 통로로 사용되지만, 그 사람에 대해 깊이 있게 아는 데는 한계가 있다고 지적하면서 얼굴을 마주보고 의사소통하는 것이 필요하다는 주장을 하고 있다.
3 get a hold of는 '~와 연락하다'라는 뜻으로 get in contact with와 바꾸어 쓸 수 있다.

> A: 나는 Sally와 연락이 안 돼. 나는 이미 그녀의 SNS 계정으로 세 개의 메시지를 보냈어.
> B: 음, 그녀에게 전화해 보는 것은 어때?

4 a. 나는 국제학교에 다닌다. 우리는 모두 다른 언어를 말하기 때문에 영어로 의사소통한다.
   b. 새 세금 정책은 비효율적이다. 입법자들은 그것에 대해 비판받아왔다.

구문

· Today, almost **everyone** *uses* some sort of SNS ~.
   → 부정대명사 everyone은 단수 취급하므로 뒤에 단수 동사가 온다.
· With an SNS, we can get in contact with people **whom** we cannot see often ~.
   → 목적격 관계대명사 whom이 이끄는 관계대명사절이 선행사 people을 수식한다.
· However, can SNSs really show **what people think and feel inside**?
   → 의문문 What do people think and feel inside?가 show의 목적어가 되어 간접의문문 어순인 〈의문사+주어+동사〉로 쓰인 구문이다.

○ 워크북 107쪽

Workbook

Ⓐ **1** 의사소통하다 **2** ~와 연락하다 **3** 게시물; 게시하다 **4** 가깝게, 친밀하게 **5** 연결하다, 이어지다 **6** ~의 속에, 안에 **7** 진실한, 정직한 **8** 비판하다 **9** 마주보는, 대면하는 **10** 연락을 취하다; 붙잡다 **11** 계정 **12** 전화하다
Ⓑ **1** uses some sort of SNS to communicate with other people **2** get in contact with people whom we cannot see often **3** find out what they are doing **4** like we are closely connected to each other **5** what people think and feel inside

⊃ 본책 46쪽

story A

소재 바나나: 미래의 식량자원

정답

1 ① **2** ② **3** grow best in cooler climates 또는 may die under higher temperatures
4 a. impact b. provide

해석

바나나는 언젠가 몇몇 개발도상국들에서 감자를 대신할 수 있을 것이다. 기후 변화는 가까운 미래에 바나나를 수백만의 사람들을 위한 중요한 식량자원으로 만들지도 모른다. 국제연합의 한 위원회는 기후 변화가 주요 작물에 끼칠 영향에 대해 연구했다. 그 보고서는 감자는 더 시원한 기후에서 가장 잘 자라서 감자 작물은 더 높은 온도에서는 죽을 수 있다는 것을 보여준다. 그러나 이 모든 것에 대한 긍정적인 측면이 있다. 감자와 다른 작물들은 미래 식량 시장에서 멸종의 위험에 처하게 된 반면에 그 변화들은 바나나가 생존할 수 있는 방법을 제공할 수 있다. 바나나가 반드시 묘책은 아니지만 기온이 올라가는 어떤 곳들에서는 바나나야말로 농부들이 가진 유일한 선택이 될지도 모른다.

해설

1 silver lining은 흐린 먹구름도 안쪽에서는 밝은 빛이 보인다는 의미로, 어떤 문제에서도 긍정적인 면을 찾을 수 있다는 뜻이다.
① 문제의 밝은 면 　　　　② 문제의 부정적 결과 　　　　③ 문제에서 가장 어려운 부분
④ 문제가 야기됐던 이유 　　　⑤ 문제를 더 어렵게 만들었던 것

2 '기후 변화가 감자와 다른 작물들을 미래 식량 시장에서 멸종의 위기에 처하게 하는 반면 바나나에게는 생존할 수 있는 방법을 제공할 수 있다'는 의미이다.
① 죽다 ② 생존하다 ③ 기절하다 ④ 도망치다 ⑤ 빠르게 감소하다

3 감자는 시원한 온도에서 잘 자라기 때문에 고온에서는 생존이 어렵다는 내용이 설명되어 있다.

> 질문: 왜 그 보고서는 감자가 높은 온도에서 고통을 받을 수 있다고 하는가?
> 대답: 그것들(감자)은 더 시원한 기후에서 가장 잘 자라기 때문이다. / 그것들은 더 높은 온도에서는 죽을 수 있기 때문이다.

4 a. 흡연은 사람들의 건강에 나쁜 영향을 준다.
　 b. 몇몇 유럽의 국가들은 시민에게 무료 대학 교육을 제공한다.

구문

· The changes can provide a way *for bananas* **to survive** ~.:
　→ to부정사 to survive는 a way를 수식하며, for bananas는 to부정사의 의미상 주어이다.
· Bananas are **not necessarily** a silver bullet, ~.
　→ not necessarily는 부분부정으로, '반드시 ~인 것은 아닌'의 의미이다.

⊃ 워크북 108쪽

Workbook
Ⓐ **1** ~을 대신하다 **2** 개발도상국 **3** 기후 **4** 원천 **5** 수백만의, 수많은 **6** 위원회 **7** 영향 **8** 주요한 **9** 작물 **10** 제공하다 **11** 반드시, 필연적으로 **12** 부정적인 **13** 결과, 효과 **14** 살아남다
Ⓑ **1** take the place of potatoes **2** may make bananas an important food source **3** a way for bananas to survive **4** are not necessarily a silver bullet **5** the only choice that farmers have

정답

1 ④ **2** ⑤ **3** creating art **4** a. soles b. pleasure

해석

예술가인 Lloyd Toone은 한때 낡은 구두 밑창으로 아프리카 스타일의 가면을 만들었다. 그때부터, 그는 자신의 예술을 창조하기 위해 다른 재료를 사용하는 데 관심을 가져왔다. "저는 버려진 물건으로부터 예술을 창조하는 데 큰 기쁨을 느낍니다!"라고 Toone은 말한다. 여행할 때, Toone은 다른 나라 사람들이 버려진 물건들을 어떻게 사용하는지 살핀다. "저는 인도네시아 발리의 해변에서 몇몇 소년들이 장난감 자동차를 가지고 노는 것을 봤습니다. 그들이 가까이 왔을 때, 저는 그것이 빈 물병과 대나무 막대기로 만들어졌다는 것을 알았습니다. 자메이카에서 저는 사람들이 허리케인이 왔을 때 날려 떨어진 전화 줄로 바구니를 짜고 있는 것을 보고 기뻤습니다." "저는 창조적인 사람들이 그들의 환경이 제공하는 무엇이든지 그것으로 임시변통하는 방식을 존경합니다."라고 Toone은 말한다.

해설

1 Lloyd Toone은 버려진 물건으로 작품을 만드는 데 관심이 있으므로 전화 줄로 바구니를 짜는 사람들을 보았을 때 기쁨을 느꼈을 것이다.
① 화난 ② 편안한 ③ 걱정스러운 ④ 기쁜 ⑤ 실망한

2 가면(masks)과 장난감 자동차(a toy car)는 버려진 물건들을 이용해 만든 작품들이다.

3 Lloyd Toone은 버려진 쓸모없는 물건으로 예술 작품을 만드는 데 관심이 많다고 했다.

> Lloyd Toone은 버려진 물건으로 예술을 창조하는 데 관심이 많다.

4 a. 그 장화는 두꺼운 고무 밑창이 있어서 미끄럽지 않다.
b. 그녀는 다른 사람들을 돕는 것을 좋아해서 그들을 돕는 것에서 기쁨을 얻는다.

구문

· ~, he **has been interested** in using other materials **to create his art**.
→ has been interested는 〈have been+p.p.〉 구조의 현재완료 수동태로 과거부터 현재까지 계속 관심을 갖고 있음을 나타낸다. to create ~는 목적을 나타내는 to부정사구로 '그의 예술을 창조하기 위해'라는 뜻이다.

· In Jamaica, I was delighted to **see** people **weaving** baskets from telephone wires **that had blown** down during a hurricane.
→ see people weaving은 〈지각동사+목적어+현재분사〉 구문이다. 현재분사(weaving) 대신에 동사원형(weave)을 쓸 수도 있지만 현재분사를 쓰면 진행 중인 동작임을 강조한다. that은 telephone wires가 선행사인 주격 관계대명사이다. had blown은 〈had+p.p.〉 형태의 대과거로 바구니를 짜기 전에 전화 줄이 허리케인에 날려 왔음을 뜻한다.

⊃ 워크북 109쪽

Workbook

ⓐ **1** (신발의) 밑창 **2** 재료 **3** 창조하다 **4** 기쁨 **5** 버려진 **6** 물건, 물체 **7** 살피다, 주목하다 **8** 병 **9** 대나무 **10** 짜다, 엮다 **11** 존경하다 **12** 창조적인, 창의적인 **13** 환경 **14** 제공하다 **15** 편안한 **16** 기쁜
ⓑ **1** has been interested in using **2** take such pleasure in creating art **3** how people in other countries use **4** was made from empty water bottles **5** was delighted to see people weaving baskets

story Ⓐ 〔소재〕 블루스의 유래

➡ 본책 50쪽

〔정답〕

1 ④　　**2** ⑤　　**3** ⓐ: a call-and-response pattern　ⓑ: a line　　**4** a. slave　b. developed

〔해석〕

블루스는 아프리카계 미국 흑인들이 견뎌야 했던 고난에서 태어났다. 그들은 밭에서 해뜰 때부터 해질 때까지 일해야 했다. (C) 일하는 동안, 그들은 자신들의 슬픔을 아프리카의 옛 멜로디를 부름으로써 표현했다. 그들의 옛 고향의 노동요 전통에서 일꾼들은 함께 노래했다. (A) 많은 이 노래들은 부름—응답 패턴을 갖고 있었다. 그것에서 한 사람이 한 소절을 부름으로써 이끌면 그 다음에 다른 사람들이 노래로 그것을 반복하거나 그것에 대답했다. (B) 1863년에 노예들이 해방된 후에, 아프리카계 미국 흑인들은 그들의 노동요를 계속 유지했지만, 그들은 교회를 통해 유럽의 음악에도 노출되었다. 유럽의 음악 스타일과 혼합된, 옛 아프리카 멜로디는 오늘날 우리가 블루스라고 알고 있는 형태의 음악으로 발전되었다.

〔해설〕

1 주어진 글의 마지막 문장에 하루 종일 '일해야 했다(had to work)'라는 내용이 있으므로 (C)의 While working이 이어지는 것이 자연스럽다. (C)의 마지막에 '함께 노래 불렀다(sang together)'는 내용이 있으므로 (A)의 Many of these songs가 이어지는 것이 자연스럽다. 그리고 오늘날의 블루스라는 음악 형태가 생겨난 과정을 설명한 (B)가 마지막에 이어지는 것이 자연스럽다.

2 본문의 line은 '노래의 소절'이라는 뜻으로 쓰였다.
① 그 사람들이 줄 서 기다리고 있었다.　　② 점선을 따라 종이를 자르시오.
③ 나는 그 페이지에 직선을 그렸다.　　④ 우리는 젖은 옷들을 (빨래) 줄에 널었다.
⑤ 그녀는 인기 있는 노래의 한 소절을 흥얼거렸다.

3 한 사람이 한 소절을 부름으로써 이끌고, 그러고 나서 다른 사람들이 노래로 그것을 반복하거나 대답한 것은 바로 앞부분에 언급된 '부름—응답 패턴(a call-and-response pattern)'에서였다. 또한 한 사람이 한 소절을 부르고 난 후 다른 사람들이 노래로 반복하거나 대답한 것은 바로 '노래 소절(a line)'이다.

4 a. 그들은 그 남자를 노예처럼 취급했다. 그들은 임금도 주지 않고 그에게 하루 종일 일을 시켰다.
b. 조용했던 그 마을이 짧은 시간 안에 도시로 발전했다.

〔구문〕

· The old African melodies, **combined with the musical styles of Europe**, developed into the form of music (**that/which**) we know today as blues.
→ combined with the musical styles of Europe은 앞의 주어를 수식하는 과거분사구이다. we know 앞에는 목적격 관계대명사가 생략되었다.

➡ 워크북 110쪽

Workbook　Ⓐ **1** 고난, 역경　**2** 견디다, 참다　**3** 대답, 응답　**4** 패턴, 유형　**5** 이끌다　**6** 반복하다　**7** 해방시키다, 풀어주다　**8** 노예　**9** ～에 노출되다　**10** 결합하다, 합치다　**11** 발전하다　**12** 표현하다　**13** 슬픔　**14** 전통　**15** 이전의　**16** 고향, 고국
Ⓑ **1** the hardships that Afro- and African-Americans had to endure　**2** others repeated or answered it　**3** were exposed to European music　**4** combined with the musical styles of Europe　**5** expressed their sorrow by singing

소재 만리장성

○ 본책 52쪽

정답

1 ① **2** ⑤ **3** effective in protecting their empire **4** a. emperor b. material

해석

중국의 만리장성은 4,000마일에 이르는데, 지구상에서 인간이 만든 가장 긴 건축물로 알려져 있다. 그것은 오래 전에 지어졌음에도 불구하고, 여전히 만리장성의 많은 부분이 남아 있다. 그것은 많은 다른 황제들에 의해 그들의 제국들을 보호하기 위해 오랜 시간에 걸쳐 지어졌다. 황제들은 장벽을 세우는 것을 기원전 5세기에 처음 시작했다. 처음에, 그들은 그것들(장벽)을 세우기 위해 그들의 백성들에게 돌, 바위, 그리고 심지어 흙과 풀을 사용하게 했다. 시간이 지나면서, 그들은 더 나은 재료들로 더 나은 방법들을 개발했다. 오늘날 우리가 볼 수 있는 중국의 만리장성의 대부분은 16세기에 지어졌다. 그들은 그것을 건설하는 데 벽돌을 사용했다. 벽돌이 강하고 작았기 때문에, 일꾼들이 쉽게 그리고 빠르게 그것들을 나를 수 있었다. 그것은 몽골의 유목민들에 대항하는 안쪽 방어선이 되었다. 그 장벽은 그들의 제국을 보호하는 데 전적으로 효과적이었다.

해설

1 ⓐ they 앞에 많은 황제들이 그들의 제국을 보호하기 위해 만리장성을 쌓았다는 내용이 있으므로 they는 emperors(황제들)를 지칭한다.
  ⓑ them은 일꾼들이 쉽고 빠르게 나르는 대상으로 바로 앞에 등장한 bricks를 지칭한다.
2 '벽돌이 강하고 작았기 때문에 일꾼들이 쉽게 그리고 빠르게 나를 수 있었다'는 의미이므로 since는 '이유'를 나타내는 접속사로 쓰였음을 알 수 있다.
  ① 우리는 1994년 이후로 이곳에 살고 있다.
  ② 내가 학교를 떠난 이후로 2년이 되었다.
  ③ 그는 어제 이후로 어떤 것도 먹지 않았다.
  ④ 그들은 월요일에 출발했는데, 그때 이후로 전혀 소식이 없다.
  ⑤ 우리는 디지털 시대에 살기 때문에, 디지털 기기에 익숙해져야 한다.
3 우선 totally의 수식을 받을 형용사를 먼저 쓰고, 전치사 in 뒤에 전치사의 목적어인 동명사를 배열하면 effective in protecting their empire가 된다.
4 a. 황제는 하나의 제국을 다스리는 사람이다.
  b. 제품의 질은 재료의 질에 달려 있다.

구문

· The Great Wall of China, which spans about 4,000 miles, is known as **the longest** man-made structure on Earth.
  → 〈the+최상급〉은 '가장 ~한'이라는 뜻이다. 최상급 형용사를 만들 때는 형용사에 -est를 붙이거나 3음절 이상의 형용사는 앞에 most를 붙인다.

○ 워크북 111쪽

Workbook

Ⓐ 1 ~에 걸쳐 이어지다 2 ~로 알려지다 3 인간이 만든 4 구조(물) 5 지키다 6 제국 7 방법 8 재료 9 벽돌 10 건설하다 11 방어, 수비 12 유목의 13 전적으로 14 효과적인
Ⓑ 1 is known as the longest man-made structure on Earth 2 They had their people use 3 that we can see today was built 4 Since bricks were strong and small 5 effective to protect their empire

⊃ 본책 54쪽

story Ⓐ

◦ 소재 직유법

◦ 정답

1 ① **2** ④ **3** like a soft blanket / as soft as a blanket / soft like a blanket **4** a. familiar
b. conversation

◦ 해석

소녀: 내 마음은 불타는 장작 같아. / 소년: 뭐라고? 불이 어디 있어?

당신은 '직유'라는 용어에 익숙한가? 미소가 아니라. 그것은 '∼ 같은' 또는 '∼처럼'을 사용해서 두 개의 다른 것을 비교하는 시에서 주로 사용하는 기법이다. 예를 들어서, 삽화의 대화에서 소녀는 그녀의 마음을 타는 장작에 비유한다. 여기에 '직유'법을 사용한 시가 있다.

우리 엄마

우리 엄마는 자명종 같아요. 그녀는 정확히 아침 7시에 나를 깨우세요. 우리 엄마의 목소리는 기차 소리 같아요. 그녀가 나의 이름을 부르실 때마다, 나는 그것을 크고 명확하게 들어요. 우리 엄마는 부드러운 담요 같아요. 그녀가 나를 안으실 때, 나는 아늑함을 느껴요.

◦ 해설

1 like는 '∼ 같은, ∼처럼'이라는 의미 외에 동사로 '좋아하다'라는 의미로도 사용된다.

　① 나는 네가 미소 지을 때 좋다. 　② 그는 거북처럼 느리다. 　③ 너의 눈은 별처럼 빛난다.

　④ 너는 치타처럼 빨리 달린다. 　⑤ 그녀의 마음은 고요한 연못과 같다.

2 밑줄 친 It은 the term "simile"를 지칭하는 대명사이다.

　① 지금 몇 시니? (비인칭주어)

　② 서로 돕는 것은 좋은 것이다. (가주어 it)

　③ 이곳에서부터 나의 집까지는 약 4킬로미터이다. (비인칭주어 it)

　④ 그녀는 나에게 소설책을 사주었다. 나는 지금 그것을 읽고 있다. (대명사)

　⑤ 내가 어제 공원에서 만난 것은 바로 Tom이었다. (It was ∼ that 강조 구문)

3 엄마가 담요처럼 부드러워서 안으실 때마다 아늑함을 느낀다는 내용이므로, like, as ∼ as 등을 사용하여 표현한다.

4 a. 나는 여기서 내 평생을 살아 왔다. 나는 이 인근에 익숙하다.

　b. 그들은 오랫동안 심각하게 이야기해서 나는 그들의 대화를 중단시킬 수 없었다.

◦ 구문

• It is a technique (**which is**) **used mainly in poetry** ~.

　→ used 이하의 과거분사구가 a technique을 수식하며, used 앞에 which is가 생략된 것으로 볼 수 있다.

• **Whenever** she calls my name, I hear it loud and clear.

　→ whenever는 '∼할 때는 언제나'의 뜻으로 쓰인 복합관계부사로, at any time when으로 바꾸어 쓸 수 있다.

• When she hugs me, I **feel cozy**.

　→ feel, smell, taste, sound, look 같은 감각동사 다음에는 형용사가 오며, 부사는 쓰일 수 없다.

⊃ 워크북 112쪽

Workbook Ⓐ **1** ∼에 익숙하다 **2** 직유 **3** 기법, 기술 **4** 주로 **5** (집합적) 시 **6** 비교하다 **7** 대화 **8** 장작 **9** (한 편의) 시 **10** 정확히 **11** ∼할 때마다 **12** 껴안다 **13** 아늑한 **14** 거북 **15** 빛나다 **16** 잔잔한 **17** 연못 **18** 담요

　　　　 Ⓑ **1** a technique used mainly in poetry **2** compares her mind to a burning log **3** a poem using the "simile" technique **4** Whenever she calls my name **5** I feel cozy

소재 소화 과정

⊃ 본책 56쪽

정답

1 ④　　**2** ⑤　　**3** (1) starch　(2) protein　(3) thick　　**4** a. absorb b. digestion

해석

당신이 점심으로 햄치즈 샌드위치를 먹었다고 가정해 봅시다. 당신의 몸에서 다음에 무슨 일이 일어나는지 아나요? 샌드위치가 당신의 입에 들어가면, 그것은 씹는 것에 의해 작은 조각들로 부수어지는데, 그동안 그 음식은 침과 섞입니다. 침은 탄수화물 소화에 중요한 역할을 합니다. 그 음식이 당신의 입에서 탄수화물 소화를 거친 후, 그것은 당신의 위로 내려갑니다. 당신의 위는 그 음식을 더 작은 조각들로 분해하기 위해 일을 합니다. 여기서 단백질 소화가 시작되는데, 그것은 샌드위치 안의 재료들이 당신의 몸이 이것으로 에너지를 만들 수 있도록 충분히 작은 조각들로 변하는 것을 의미하는 것입니다. 얼마 후 그 음식은 진한 액체가 되는데, 이는 당신의 핏속으로 흡수될 준비가 된 것입니다. 강의의 다음 부분은 흡수의 과정에 관한 것입니다.

해설

1 (A) 씹는 것에 의해 음식물이 잘게 부수어지는 것(수동)이므로 is broken이 알맞다.
　　(B) '~하기에 충분할 정도로 …한'은 〈형용사+enough to+동사원형〉 형식으로 쓴다.
　　(C) 관계사 which는 a thick liquid를 선행사로 받는다. 진한 액체가 핏속으로 흡수되는 것은 수동의 상태이므로 to부정사의 수동태인 〈to be+p.p.〉가 알맞다.
2 강의의 다음 부분을 예고하는 마지막 문장을 보면, 소화된 음식물의 영양분이 피로 흡수되는 과정에 대한 설명이 이어질 것임을 알 수 있다.
3 입에서 녹말 소화가 일어난 후 위에서 단백질의 소화가 이루어지며 이는 흡수를 위해 진한 액체 상태가 된다.
4 a. 뿌리는 식물을 위해 물과 미네랄을 땅으로부터 흡수한다.
　　b. 위는 소화가 일어나는 곳이다.

구문

· When the sandwich enters your mouth, it is broken down into small pieces **by chewing**, while the food mixes with saliva.
　→ by -ing는 '~함으로써'라는 의미로 수단이나 방법을 나타낸다.
· Here, a protein digestion starts, **which** means (**that**) ingredients in the sandwich turn into ~.
　→ which는 계속적 용법의 관계대명사로, 앞 문장 내용 전체를 선행사로 한다. 동사 means 다음에는 목적어인 명사절을 이끄는 접속사 that이 생략되었다.

⊃ 워크북 113쪽

Workbook

Ⓐ **1** 가정하다, 생각하다　**2** ~로 분해하다　**3** 씹다　**4** 침　**5** 소화　**6** 겪다　**7** 위, 위장　**8** 단백질　**9** 재료, 성분　**10** 진한, 걸쭉한　**11** 액체　**12** 흡수하다　**13** 강의　**14** 절차
Ⓑ **1** what happens in your body　**2** is broken down into small pieces　**3** to break down the food into smaller pieces　**4** which means ingredients in the sandwich turn into pieces　**5** which is ready to be absorbed into your blood

story A **◦소재** 꿈의 역할 ⟲ 본책 58쪽

◦정답

1 ④ **2** ⑤ **3** 걱정거리가 곧 해결될 것임을 보여준다. **4** a. emotional b. Anxiety

◦해석

아무도 잠이 어떻게 작용하는지를 확실하게 알지 못한다. 많은 과학자들은 사람들이 꿈을 꾸기 위해 잔다고 말한다. 꿈은 뇌가 감정의 균형을 맞추는 방법이다. 따라서 만약 사람들이 수면에서 충분히 꿈을 꾸지 못하면, 그들은 감정적인 문제들로 고통을 받을 것이다. 꿈은 일상생활에서는 표현될 수 없는 불안함과 감정들을 해결하고 정신적인 균형을 회복시킨다. Freud는 불안함을 보여주는 꿈들이 사실 사람들의 내면에 숨겨진 분노를 표현한다고 믿었다. 하지만 미신은 불안함을 보여주는 꿈은 걱정거리가 곧 해결될 거라는 것을 보여주는 다른 의미가 있다고 말한다. 어떤 면에서, 이것은 사실이다. 왜냐하면, 당신의 꿈에서 두려움을 표현함으로써 당신은 당신의 숨겨진 두려움을 해결하는 데 좀 더 가까이 갈 수 있기 때문이다.

◦해설

1 (A) 꿈이 감정의 균형을 잡아주므로(원인), 사람들이 계속해서 꿈을 꾸는 수면을 충분히 취하지 못하면 감정적인 문제로 고통받게 된다(결과). 빈칸을 전후로 원인과 결과의 내용이 이어지므로 'So(따라서)'가 알맞다.

(B) 불안함을 보여주는 꿈에 대한 Freud의 해석과 반대되는 해석이 빈칸 뒤에 이어지고 있으므로, 'However (하지만)'로 연결할 수 있다.

2 꿈은 뇌가 감정의 균형을 맞추는 방법이며 일상생활에서는 표현될 수 없는 불안함과 감정들을 꿈에서 표현함으로써 숨겨진 두려움을 해결하는 데 좀 더 가까이 다가갈 수 있다고 하였다. 즉, '감정적인 문제 해결에 있어서 꿈의 역할'에 관해 이야기하는 글이다.

3 미신은 Freud의 의견과는 반대로 불안을 보여주는 꿈이 걱정거리가 곧 해결될 것임을 보여준다(superstition says that ~ a worry will be relieved very soon)고 하였다.

> 질문: 미신은 불안함을 보여주는 꿈에 대해 뭐라고 말하는가?

4 a. 내 마음에는 감정적인 충돌이 있었다.
b. 불안감은 신경과민이나 걱정의 감정이다.

◦구문

- **Nobody** knows for sure **how sleep works**.
  → nobody는 '아무도 ~하지 않는다'라는 의미이므로 Nobody knows for sure는 '아무도 확실히 알지 못한다'로 해석한다. how sleep works는 목적어로 쓰인 간접의문문이다.
- Freud believed **that** anxiety dreams actually expressed people's anger **that** was hidden inside.
  → 첫 번째 that은 접속사이고 두 번째 that은 people's anger를 선행사로 하는 주격 관계대명사이다.

⟲ 워크북 114쪽

Workbook

Ⓐ **1** 확실히, 틀림없이 **2** 균형을 맞추다; 균형 **3** 감정 **4** ~로 고통을 겪다 **5** 감정적인 **6** 해결하다 **7** 불안감, 걱정 **8** 회복시키다 **9** 정신적인 **10** 표현하다 **11** 숨겨진 **12** 미신 **13** 극복하다 **14** 덜어주다

Ⓑ **1** Nobody knows for sure **2** people sleep in order to dream **3** that cannot be expressed in everyday life **4** people's anger that is hidden inside **5** By expressing your fears in your dreams

[소재] 고무 오리 조형물 Rubber Duck

⊃ 본책 60쪽

[정답]

1 ③　　**2** ③　　**3** 직원이 고무 오리의 몸체 상태를 확인할 수 있도록 하기 위해　　**4** a. floating　b. entertains

[해석]

'Rubber Duck'은 네덜란드의 예술가인 Florentijn Hofman에 의해 설계된 몇 개의 거대한 물에 뜨는 조형물들 중의 하나이다. 이것은 다양한 크기로 제작되었다. 거대한 고무 오리의 창작자인 Hofman은 2007년에 시작된 '전 세계에 즐거움 퍼트리기'라는 이름의 투어로 전 세계를 즐겁게 하려고 노력했다. 네덜란드의 암스테르담에서 시작해서 14개 도시들에서 그 오리를 전시함으로써 그는 사람들이 어린 시절 추억들을 떠올리게 하는 것이 목표였다. 그 거대한 고무 오리는 200조각 이상의 PVC로 세워졌다. 몸체의 등에 구멍이 있어서 직원이 그 고무 오리의 몸체 상태를 확인할 수 있다. 게다가 그 몸체 안에 전기 팬이 있어서 날씨가 좋든지 나쁘든지 언제든지 몸체를 부풀릴 수 있다.

[해설]

1 (A)는 '물에 떠 있는'이라는 의미로 sculptures를 수식하므로 현재분사 floating, (B)는 문장의 동사 위치이므로 tried, (C)는 '~라는 이름을 지닌'의 의미인 수동 표현이 쓰여야 하므로 named가 알맞다.

2 be made of는 '~으로 만들어지다'라는 의미이므로 Rubber Duck의 재료와 관계가 있는 문장을 고른다.

> 질문: 고무 오리들은 무엇으로 만들어졌는가?

3 고무 오리의 몸체에 구멍이 있는 이유가 There is an opening ~에 설명되어 있다.

4 a. Ann은 그녀의 친구와 함께 강 위에 떠 있는 보트를 타고 있다.

　b. 쇼가 너를 즐겁게 할 때, 그것은 너를 웃게 하고, 너를 흥미롭게 하거나 너에게 기쁨을 준다.

[구문]

· *Rubber Duck* is **one of several giant floating sculptures** *designed by Dutch artist Florentijn Hofman.*

→ 〈one of+복수명사〉는 '~중 하나'라는 뜻이며, designed ~ Hofman은 sculptures를 수식하는 과거분사구이다.

· In addition, there is an electric fan in its body **so that** it can be pumped up at any time, in either good or bad weather.

→ so that은 '~하도록'(목적) 또는 '그래서'(결과)의 의미로 쓰일 수 있다. 이 문장에서는 '전기 팬이 있어서 언제든지 몸체를 부풀릴 수 있다'는 결과의 의미로 해석하는 것이 자연스럽다.

⊃ 워크북 115쪽

Workbook

Ⓐ **1** 고무　**2** 거대한　**3** (물에) 뜨다　**4** 조형물　**5** 즐겁게 하다　**6** 목표로 하다　**7** A에게 B를 상기시키다　**8** 추억, 기억　**9** 전시하다　**10** 세우다, 건설하다　**11** 구멍　**12** 수행하다　**13** 전기의　**14** 펌프로 공기를 넣다

Ⓑ **1** one of several giant floating sculptures　**2** were built in various sizes　**3** named "Spreading Joy Around the World," which started in 2007　**4** by exhibiting the duck　**5** so that it can be pumped up

story Ⓐ ◦소재 그리스 미술　　　　　　　　　　　　　　　　　　　　　○ 본책 62쪽

◦정답

1 ①　　**2** ①　　**3** Buddhists travelling to China　　**4** a. ②　b. ③　c. ①

◦해석

알렉산더 대왕이 서아시아를 정복했을 때, 화가들은 제국의 주변을 여행했고 미술에 대한 생각들을 나눴다. 그렇게 해서 최초의 그리스의 석조 조각상들이 인도에 오게 되었고 그곳에서 인도 화가들은 재빨리 부처상을 조각하는 데 그리스 양식을 사용했다. 곧 중국에 여행 갔던 불교신자들은 그들과 함께 석조 조각상을 가져갔으며, 중국의 화가들 또한 실물 크기의 조각상들을 조각하기 시작했다. 로마제국의 부흥은 그리스 미술 기법들을 또한 서구에 전파시켜서 북유럽의 화가들 또한 그리스 스타일로 예술을 창조하기 시작했다. 서기 약 200년경에, 로마의 화가들은 보다 더 추상적이며 덜 실제적으로 보이는 것을 시도하기 시작했고, 그 스타일에서 그들은 자신들이 강한 영혼을 가졌다는 것을 보여주기 위해 큰 눈을 가진 조각상을 조각했다.

◦해설

1 조각상, 화가, 미술 기법 등은 모두 '미술(art)'과 관련된 것들이다.
　　① 미술　② 지도　③ 음악　④ 종교　⑤ 건축술

2 이 글은 그리스 미술이 어떻게 인도, 중국, 유럽으로 전파되었는지를 설명하고 있다.
　　① 그리스 미술의 전파　　② 그리스 미술의 세부사항　　③ 그리스 미술의 시작
　　④ 미술에서의 불교의 영향　　⑤ 로마 화가들의 다른 양식들

3 중국에 그리스 미술 양식을 전파한 이들은 중국에 여행을 갔던 불교신자들이다.

> 질문: 누가 중국에 그리스 미술 양식을 가져왔나?
> 대답: 중국을 여행했던 불교신자들이 그것을 했다.

4 a. 조각상 – ② 사람 또는 동물의 커다란 조각
　　b. 추상적인 – ③ 실제 사건보다는 생각에 기초를 둔
　　c. 정복하다 – ① 한 나라를 완전히 장악하다

◦구문

· **That is how** the first Greek stone statues came to India, ~.
　→ that is how는 '그렇게 해서 ~하다'의 의미이다.
· ~ a more abstract, less real-looking style, **where** they carved statues ~.
　→ where는 관계부사의 계속적 용법으로, in a more abstract, less real-looking style을 의미한다.

　　　　　　　　　　　　　　　　　　　　　　　　　　　　　　　　　　　○ 워크북 116쪽

Workbook　Ⓐ **1** 정복하다　**2** 제국　**3** 교환하다　**4** 조각상　**5** 방법　**6** 조각하다, 새기다　**7** 실물 크기의　**8** 전파하다　**9** 또한, 역시　**10** 추상적인　**11** 불교신자　**12** 영혼　**13** 종교　**14** 건축(술)　**15** 세부사항　**16** 영향
Ⓑ **1** That is how　**2** Buddhists travelling to China　**3** spread Greek art skills to the West　**4** began to create art in the Greek style　**5** where they carved statues with big eyes

◀정답

1 ⑤   **2** 스트레스가 많은 사람들   **3** you gain weight, you cannot sleep well   **4** a. stress b. skip

◀해석

라디오 DJ: 오늘 Brown 박사님이 건강 문제에 대해 이야기하려고 오셨습니다. 박사님, 어서 오세요.

Brown 박사: 초대해 주셔서 감사합니다.

라디오 DJ: 16살짜리 소녀가 우리에게 이메일을 보냈어요. 그녀는 기말고사 때문에 많은 스트레스를 받아서 야식을 먹기 시작했어요. 이제 그녀는 밤에 먹지 않고는 잘 수 없어요. 아침에 그녀는 너무 배가 불러서 먹을 수 없어서 종종 아침식사를 거르고 하루 동안 불규칙적으로 먹어요.

Brown 박사: 많은 사람들이 '야식증'이라고 불리는 이 증후군으로 고통받아요. 스트레스가 많은 사람들이 보통 이 문제를 가지고 있어요. 밤에 먹는 것은 당신의 체중이 늘 뿐만 아니라 잠을 잘 잘 수 없기 때문에 나빠요.

라디오 DJ: 그러면 어떤 해결책을 제시해 주실 수 있나요?

◀해설

1 Brown 박사의 말에서 규칙적으로 먹고 밤에 먹지 않는 것이 야식증에 대한 해결책임을 추론할 수 있다.

① 당신은 간식을 먹어야 한다.   ② 당신은 밤에 운동해야 한다.

③ 당신은 취침 바로 직전에 먹어야 한다.   ④ 당신은 가능한 한 자주 아침을 걸러야 한다.

⑤ 당신은 규칙적으로 먹고 밤에 먹는 것을 피해야 한다.

2 Brown 박사는 스트레스가 많은 사람들에게 야식증 문제가 있다고 하였다.

> 질문: 누가 주로 '야식증'을 겪나?

3 인터뷰 마지막 부분에서 Brown 박사는 체중이 늘 뿐만 아니라 잠을 잘 잘 수 없기 때문에 밤에 음식을 먹는 것이 나쁘다고 말하고 있다.

> 질문: 밤에 식사하는 것이 왜 나쁜지 이유를 말해 줄 수 있니?
> 대답: 그것은 네가 체중이 늘고, 잠을 잘 잘 수 없기 때문이야.

4 a. 직장 문제 때문에 Susan은 요즘 머리카락이 빠지고 있다. 그녀는 많은 스트레스를 겪고 있다.

   b. 너는 아침을 걸러서는 안 된다. 그것은 너의 건강에 좋지 않다.

◀구문

· In the morning, she feels **too** full **to eat** so she often skips breakfast ~.

   → 〈too+형용사/부사+to부정사〉는 '너무 ~해서 …할 수 없다'라는 뜻이다.

⊃ 워크북 117쪽

Workbook   Ⓐ **1** 스트레스 **2** ~ 때문에 **3** 기말고사 **4** 간식 **5** 거르다 **6** 불규칙적으로 **7** ~로 고통받다 **8** 증후군 **9** 몸무게가 늘다 **10** 해결책 **11** 제시하다 **12** 운동하다 **13** 취침 시간 **14** 피하다

Ⓑ **1** sent us an email **2** under a lot of stress due to finals **3** started to have late-night snacks **4** She feels too full to eat **5** People with a lot of stress

story A

● 소재 깨진 창문 이론

⊃ 본책 66쪽

● 정답

1 ① **2** ③ **3** the "Broken Windows Theory" **4** a. theory b. erase

● 해석

James Wilson과 George Kelling이라는 두 사회학자에 의해 '깨진 창문 이론'이 소개된 후, 이 이론은 뉴욕 같은 큰 도시들뿐만 아니라 작은 마을들에서도 채택되었다. 이 이론에 의하면 만약 깨진 창문들이 교체되지 않는다면, 사람들은 아무도 그 도시에 대해 신경 쓰지 않는다고 생각한다. 그 결과, 심각한 범죄들이 일어나기 더 쉽다. (많은 사람들이 그들의 깨진 창문들을 교체하기를 원한 것은 아니었다.) 그것이 소개된 후, 시 당국들은 깨진 창문들을 교체하고 지하철역의 낙서를 지웠다. 결과는 성공적이었다. 1990년대 동안 뉴욕시의 범죄율은 극적으로 떨어졌다. 비록 몇몇 사람들은 깨진 창문과 범죄율의 관계를 믿지 않지만, 그들의 이론은 여전히 영향력이 있다.

● 해설

1 (A) 이후 내용으로 미뤄볼 때 '깨진 창문 이론'은 뉴욕 같은 큰 도시뿐만 아니라 작은 마을들에서도 채택되었음을(adopted) 알 수 있다.

(B) 깨진 창문을 고치고 지하철역의 낙서를 지운 결과가 성공적이었다고 했으므로 1990년대 동안 뉴욕시의 범죄율은 극적으로 떨어졌다(dropped)고 보는 것이 타당하다.

(C) 깨진 창문을 수리하고 지하철역의 낙서를 지운 결과 뉴욕시 범죄율이 극적으로 떨어졌으므로 깨진 창문 이론은 영향력이 있다(influential)고 볼 수 있다.

2 이 글은 '깨진 창문 이론'이 소개된 이후, 시 당국들이 깨진 창문을 고쳤다는 내용으로 연결되므로 창문을 고치고 싶어 하는 사람이 많지 않았다는 ⓒ는 글의 흐름상 어색하다.

3 밑줄 친 it은 앞부분에서 소개한 '깨진 창문 이론'이다.

4 a. 갈릴레오가 지구가 태양 주위를 돈다는 그의 이론을 소개했을 때, 그를 믿은 사람들은 많지 않았다.

b. 칠판이 더럽다. 그것을 지워줄 수 있니?

● 구문

· **Since** the "Broken Windows Theory" was introduced by **two sociologists, James Wilson and George Kelling,** ~.

→ since는 '~이후로'라는 뜻의 접속사로 시간의 부사절을 이끈다. James Wilson and George Kelling은 앞의 two sociologists와 동격을 이룬다.

· **Although** some people don't believe in the relationship between broken windows and crime rates, ~.

→ although는 양보를 나타내는 접속사로 '비록 ~일지라도'라는 뜻이다.

⊃ 워크북 118쪽

Workbook

Ⓐ **1** 이론 **2** 소개하다, 도입하다 **3** 사회학자 **4** 채택하다 **5** 그 결과, 결과적으로 **6** 심각한 **7** 범죄 **8** 교체하다 **9** 지우다 **10** 낙서 **11** 성공적인 **12** 극적으로 **13** 관계 **14** 영향력 있는

Ⓑ **1** this theory has been adopted by small towns **2** If broken windows are not replaced **3** serious crimes are more likely to happen **4** city governments replaced broken windows **5** Although some people don't believe in the relationship

소재 유령이 나타나는 교실

본책 68쪽

정답

1 ④   **2** 매일 밤 10시에 그들의 교실에 유령이 나타난다는 것   **3** ⑤   **4** a. spine b. grab

해석

손전등으로부터의 불빛을 빼고는 빛이 없었다. 너무 조용해서 그의 발자국 소리가 복도에 울려 퍼졌다. Tim은 땀을 흘리고 있었다. 적막은 그의 간담을 서늘하게 했다. 이 모든 것은 Jenny와의 내기 때문에 시작됐다. Jenny가 Tim에게 매일 밤 10시에 그들의 교실에 나타나는 한 유령에 대해 말했을 때, 그는 그녀를 비웃었다. 그는 그녀에게 그가 유령을 믿지 않고 그것이 틀리다는 것을 증명해 보이겠다고 하였다. 그는 자신이 한 말을 후회했다. 마침내, 그는 교실에 도착했다. 그는 떨리는 손으로 손잡이를 움켜쥐었다. 그가 손잡이를 막 돌리려고 할 때 복도의 시계가 울렸다. 시계 소리에 Tim은 소리 지르고 정문을 향해 뛰기 시작했다.

해설

1 Jenny에게 호언장담했던 것과는 다르게 적막한 복도를 걷다가 시계 소리에 놀라 소리지르며 뛰어가는 상황이므로 Tim은 ④ '겁먹은' 상태임을 알 수 있다.
① 질투하는 ② 자랑스러워하는 ③ 흥분한 ④ 겁먹은 ⑤ 실망한

2 유령이 있다는 것을 믿지 않는 Tim은 매일 밤 10시에 교실에 유령이 나타난다고 한 Jenny의 말이 틀리다는 것을 증명하기로 하였다.

3 (A)는 과거의 진행 중인 상황을 나타내므로 과거진행형(was sweating)이 알맞고, (B)는 '떨리는(shaking)' 손으로 손잡이를 움켜쥐었다는 의미가 되어야 하므로 현재분사 형태가 알맞다.

4 a. 똑바로 앉는 것은 당신의 척추를 위해 중요하다.
b. 은행에 들어가면, 번호표를 잡아 뽑고 번호가 불릴 때까지 기다려라.

구문

· It was **so** quiet **that** the sound of his footsteps echoed through the hallway.
→ 〈so+형용사/부사+that ~〉 구문은 '너무 …해서 ~하다'라는 뜻이다.
· He told her **that** he did not believe in ghosts and ~.
→ that이 이끄는 절은 told의 직접목적어 역할을 하는 명사절이다.
· When he **was about to** turn the handle, ~.
→ 〈be about to+동사원형〉은 아주 가까운 미래의 동작을 표현할 때 쓰는 표현으로, '막 ~하려고 하다'라는 뜻이다.

워크북 119쪽

Workbook   **A** **1** ~을 제외하고 **2** 발자국 **3** 울리다, 메아리치다 **4** 복도 **5** 적막, 고요 **6** 냉기, 오한 **7** 척추 **8** 내기 **9** 나타나다 **10** 증명하다, 입증하다 **11** 후회하다 **12** 움켜쥐다 **13** 소리 지르다 **14** 질투하는 **15** 자랑스러워하는 **16** 겁먹은 **17** 실망한 **18** 땀을 흘리다; 땀

B **1** except the light from the flashlight **2** It was so quiet that **3** that he did not believe in ghosts **4** grabbed the handle with a shaking hand **5** he was about to turn the handle

story **A** ◦소재 유럽의 인구 변화 ◦본책 70쪽

◦정답

1 ⑤ **2** ② **3** Changes in the European Population **4** a. population b. ruin

◦해석

그래프는 1100년대부터 1600년대까지의 유럽 사람들의 수를 보여준다. 유럽의 인구는 1300년대 중반에 거의 8,500만 명까지 증가했다. 불행하게도, 그 이후 그것은 급격히 하락했다. 나쁜 날씨가 농장을 황폐화시켰다. 사람들은 충분한 음식이 없어서 병들기 시작했다. 그리고 역사상 최악의 전염병 중의 하나인 흑사병이 유럽 전역을 휩쓸었다. 그것은 대단히 파괴적이었다. 수백만 명의 사람들이 죽었다. 결과적으로, 유럽의 인구는 1300년대 후반에 가파르게 감소했다. 1400년대 시작 즈음, 흑사병 이후, 불과 5,000만 명의 사람들만이 유럽에서 살아남았다. 인구가 최고점의 숫자로 돌아가는 데 거의 100년(→ 200년)이 걸렸다.

◦해설

1 1400년대에 5,000만 명이 남아 있던 유럽 인구가 최고점의 수준으로 회복한 것이 1600년대이므로 100년이 아니라 200년이 걸렸다. 따라서 ⓔ가 도표의 내용과 일치하지 않는다.

2 유럽의 인구가 급격히 하락한 것은 나쁜 날씨가 농장을 황폐화시킴에 따라 충분한 음식이 없어서 사람들이 병이 들었기 때문이므로 '불행한 것'으로 볼 수 있다. 또한 유럽의 인구가 1300년대 후반에 가파르게 감소한 것은 역사상 최악의 질병 중의 하나인 흑사병이 유럽 전역을 휩쓸어 수백만 명의 사람들이 죽은 '결과'이다. 따라서 ②가 가장 알맞다.
① 다행스럽게도 – 결과적으로   ② 불행하게도 – 결과적으로
③ 그러므로 – 다행스럽게도   ④ 그러므로 – 불행스럽게도
⑤ 그런데 – 반면에

3 1100년대부터 1600년대까지의 유럽의 인구 변화(changes in the European population)를 보여주는 그래프이다.

4 a. 한 나라나 지역의 인구는 그 안에 사는 모든 사람들의 합을 말한다.
   b. 기름 유출이 그의 낚시 사업을 망칠 것이다.

◦구문

· The graph shows the number of European people from the **1100s** to the 1600s.
   → 1100s는 '1100년대'를 나타내는 표현으로 the period from 1100 to 1199의 의미이며, the 12th century 와 같은 기간을 나타낸다.
· It **took** almost 100 years *for the population* **to return** to its highest numbers.
   → take는 '(얼마의 시간이) 걸리다'라는 의미이고, for the population은 to return ~의 의미상 주어이다.

◦워크북 120쪽

Workbook **A** 1 ~의 수 2 인구 3 급격하게 4 감소; 감소하다 5 망치다 6 농장 7 전염병 8 휩쓸다 9 파괴적인 10 가파르게 11 다행히도 12 결과적으로 13 그런데 14 반면에, 다른 한편으로는
B 1 the number of European people from the 1100s to the 1600s 2 grew to almost 85 million 3 One of history's worst plagues 4 only 50 million people were left alive 5 for the population to return to its highest numbers

소재 인체 공학

⊃ 본책 72쪽

정답

1 ⑤ 2 ⑤ 3 ⓑ to → with 4 a. posture b. relationship

해석

인체 공학은 인간과 그 주변 환경 사이의 관계에 대한 연구이다. 그것은 당신에게 당신의 건강을 위한 실용적인 조언을 해 준다. 그냥 멈춰서 당신의 자세를 확인해 봐라. 대부분의 사람들처럼, 당신은 아마도 의자에서 조금 앞으로 숙이고 있을 것이다. 만약에 당신이 계속해서 그렇게 앉아 있게 되면, 당신은 나쁜 자세를 갖게 될 것이다. 좋은 자세를 연습하지 않으면, 당신은 결국 통증을 느끼게 될 것이다. 다음의 조언들을 기억해 두고 당신 자신을 잘 관리하도록 해라. 책상에 있을 때, 어깨를 뒤로 한 채 똑바로 앉아라. 그리고 당신의 발이 확실히 바닥에 닿도록 하라. 게다가, 배낭을 멜 때는 무게가 당신의 몸에 가까이 가도록 끈을 조여라. 그리고 가방이 허리 아래로 내려가지 않도록 해라.

해설

1 배낭을 멜 때는 끈을 조여 무게가 몸 가까이 가도록 하라고 했으므로 ⑤는 글의 내용과 일치하지 않는다.

2 본문에서 straight는 '똑바로'라는 의미로 쓰였다.

   ① 그들은 3시간 연이어 일하고 있다.

   ② 그는 그녀를 좋아한다고 그녀에게 솔직하게 말하지 못했다.

   ③ 그녀는 어제 너무 피곤해서 곧장 잠자리에 들었다.

   ④ 나는 너무 충격을 받고 혼란스러워서 올바로 생각할 수 없었다.

   ⑤ 나는 비행기에서 의자의 등받이를 똑바로, 그리고 수직으로 당겼다.

3 ⓐ between A and B: A와 B 사이에

   ⓑ provide A with B: A에게 B를 공급하다(= provide B for[to] A)

   ⓒ keep (on) -ing: 계속해서 ~하다

   ⓓ take care of oneself: 자기 자신을 관리하다[돌보다]

   ⓔ 사역동사(let)+목적어(the bag)+동사원형(fall down)

4 a. 발레에서 좋은 자세는 매우 중요하다. 항상 똑바로 서고 유연성 운동을 하는 것을 기억해라.

   b. David와 John은 자주 싸운다. 그들의 관계는 개와 고양이의 사이 같다.

구문

· **Without practicing** good posture, you will eventually feel pain.

  → without은 '~이 없이'라는 뜻의 전치사로 뒤에 동명사가 온다.

⊃ 워크북 121쪽

Workbook

Ⓐ 1 관계 2 주변 환경 3 제공하다 4 실용적인 5 자세 6 아마도 7 구부리다 8 결국 9 통증 10 ~을 기억하다 11 조언, 요령 12 돌보다 13 똑바로 14 확실하게 하다 15 게다가 16 조이다 17 끈 18 혼란스러운, 당황한

Ⓑ 1 the relationship between people and their surroundings 2 provides you with practical tips 3 Without practicing good posture 4 Keep the following tips in mind 5 Don't let the bag fall down story Ⓐ •소재 경험의 중요성　　　　　　　　　　　　　　　　　　⊃ 본책 74쪽

•정답

1 ②　　**2** (e)xperience　　**3** ④　　**4** a. swung　b. poured

•해석

어느 날 한 어린아이가 내 이웃의 정원 연못에 빠졌다. 우리는 비명 소리를 들었다. 나의 이웃과 나는 우리의 원예 도구를 떨구고 그 연못까지 서둘러 갔다. 세 살짜리 소녀가 연못의 바닥에 있었다. 나는 뛰어들어 여자아이를 꺼내고 나의 이웃에게 여자아이의 죽은듯한 몸을 건넸다. 그는 그녀를 눕혀 발목을 잡은 뒤, 들어 올려 그녀를 돌리기 시작했다. 몇 분 후, 물이 아이의 입과 코에서 쏟아졌고, 그녀는 울었다. 나는 내 이웃에게 어디서 그런 것을 배웠는지를 물었다. 그는 30년 동안 양치기였고, 새끼 양들이 '죽은 채로' 태어났을 때 그것은 그것들이 숨 쉬게 하는 표준적인 방법이었다고 말했다. 이 연세 드신 양치기 덕분에 그 아이는 살았다.

•해설

1 여자아이가 연못에 빠지는 장면인 ⓑ가 가장 처음이고, 정원에서 일을 하던 두 사람이 비명을 듣는 ⓒ가 두 번째, 연못에서 여자아이를 들고 나오는 ⓔ가 세 번째, 양치기 경험이 있는 이웃이 여자아이의 다리를 잡고 돌리는 ⓐ가 네 번째, 그리고 여자아이의 입에서 물이 나오는 장면인 ⓓ가 가장 마지막이다.

2 경험(experience)을 통해 얻은 지식으로 생명을 구한 일화를 보여주는 이야기이므로 주제는 '경험의 중요성'이 알맞다.

3 한 어린아이가 정원 연못에 빠진 다급한 상황에서 이 글을 쓴 사람이 뛰어들어 아이를 꺼내 이웃에게 건넸고, 그의 이웃이 30년 동안 양치기 생활을 하면서 알게 된 방법, 즉 죽은 채로 태어난 새끼 양을 숨 쉬게 하는 방법을 이용하여 그 아이를 살렸다. 따라서 이 글을 쓴 사람은 처음에 걱정을 하다가 나중에는 안도감을 느꼈을 것이다.

① 화가 난 → 슬픈　　② 겁먹은 → 외로운　　③ 지루한 → 흥분한

④ 걱정하는 → 안도하는　　⑤ 초조한 → 당황한

4 a. 타자는 방망이를 휘둘렀지만, 공을 치지 못했다.
b. 나는 너무 긴장이 되어서 땀이 내 얼굴을 따라 쏟아졌다.

•구문

· A **three-year-old** girl was at the bottom of the pond.
→ three-year-old와 같이 명사가 하이픈(-)으로 연결되어 형용사 역할을 하는 경우, three가 복수이지만 years라고 복수형을 쓰지 않고 단수형 year를 쓰는 것에 유의한다.

· ~, and when lambs were born 'dead' it was the standard way of **making** them **breathe**.
→ 〈make+목적어+동사원형〉은 '~가 …하게 만들다'라는 의미로, 사역동사 make, have, let은 목적격보어로 동사원형을 취한다.

⊃ 워크북 122쪽

Workbook　Ⓐ **1** 유아 **2** 이웃 **3** 비명 소리 **4** 도구 **5** 바닥 **6** 죽은, 생명을 빼앗긴 **7** 발목 **8** ~을 빙글 돌리다; 흔들리다 **9** 쏟아지다 **10** 양치기 **11** 새끼 양 **12** 표준의 **13** 숨을 쉬다 **14** ~ 덕택에, 덕분에 **15** 살아남다, 생존하다 **16** 겁먹은 **17** 안도한 **18** 당황한

Ⓑ **1** an infant fell into a neighbor's garden pond **2** three-year-old girl was at the bottom **3** where he had learnt to do such a thing **4** the standard way of making them breathe **5** Thanks to this old shepherd

소재 땅콩 박사 George Washington Carver

○ 본책 76쪽

정답

1 ①   **2** ⑤   **3** peanuts could help the soil become fertile again   **4** a. childhood b. knowledge

해석

어린 시절부터 George Washington Carver는 식물을 돌보는 것으로 유명했다. 그는 '식물 박사'로 불렸다. George Carver가 살았던 당시에 미국의 남부 지역에 사는 대부분의 사람들은 생계를 위해 목화를 재배했다. 그러나 목화는 토양의 영양소를 다 써버렸고, 몇 년 후에는 그 땅을 쓸모없게 만들었다. 이것은 농부들에게 큰 문제가 되었다. 다행스럽게도, George Carver는 땅콩이 토양을 다시 비옥하게 하는 데 도움이 될 수 있다는 것을 알았다. 그의 지식을 사용해서, 그는 농부들에게 작물을 윤작하라고 말하였다. 즉, 1년은 목화, 그리고 그 다음 해는 땅콩을. 그의 도움 덕분에 농부들은 목화뿐만 아니라 땅콩도 수확하기 시작했다. 1940년에 이르러서 땅콩은 미국에서 여섯 번째로 수확량이 높은 작물이 되었다.

해설

1 (A) 대부분의 미국 남부 사람들이 생계를 위해 목화를 재배하고 있는 상황과 목화가 토양을 쓸모없게 만들었다는 사실을 자연스럽게 연결할 수 있는 연결어는 '그러나'이다. (B) 이러한 큰 문제를 George Carver가 땅콩으로 해결하는 방법을 알고 있었다는 사실은 다행스러운 일이라고 볼 수 있으므로 '다행스럽게도'가 알맞다.
   ① 그러나 – 다행스럽게도   ② 그러나 – 불행하게도   ③ 다행스럽게도 – 그러나
   ④ 불행하게도 – 그러나   ⑤ 그러므로 – ~하는 한
2 harvest는 '수확하다'라는 뜻이고, '작물을 심다'에 해당하는 단어는 plant이다.
   ① 영양소: 식물과 동물이 자라는 것을 돕는 물질   ② 쓸모없는: 유용하지 않은
   ③ 비옥한: 식물들의 성장을 지원할 수 있는   ④ 교대로 하다: 특정한 일을 교대로 하다
   ⑤ 수확하다: 작물을 심다
3 땅콩은 땅이 비옥해지는 것을 돕는다고 하였다.

> 질문: 땅콩이 농부들에게 왜 도움이 되었는가?
> 대답: 땅콩이 토양을 다시 비옥하게 하는 데 도움이 될 수 있었기 때문이다.

4 a. 나는 사진첩을 볼 때, 나의 어린 시절의 좋은 추억들을 기억해 낼 수 있다.
   b. 아리스토텔레스는 그의 지식과 지혜로 유명하다. 그는 많이 알고 현명했다.

구문

• ~, George Carver knew that peanuts could **help** the soil **become** fertile again.
   → 5형식 문장에서 help는 목적격보어로 동사원형이나 to부정사를 모두 취할 수 있다.

○ 워크북 123쪽

Workbook

A 1 어린 시절 2 ~로 유명하다 3 남쪽의 4 목화 5 ~을 다 쓰다 6 영양소 7 흙 8 쓸모없는 9 비옥한 10 지식 11 윤작하다, 교대로 하다 12 작물 13 수확하다 14 ~의 수확량을 내는 15 다행스럽게도 16 ~하는 한 17 물질 18 특정한

B 1 was famous for taking care of plants 2 was called the plant doctor 3 Cotton plants made the land useless 4 could help the soil become fertile 5 told the farmers to rotate crops

story A

〔소재〕 블라인드 테니스 ⟳ 본책 78쪽

〔정답〕

1 ③ 2 ④ 3 so that someone who can't see can play tennis 4 a. boundaries b. brilliant

〔해석〕

좋은 아침입니다, Hankins 중학교 학생 여러분! 오늘 신문에 시각 장애인들이 치는 테니스에 대한 흥미로운 기사가 있습니다. 기사에 따르면, 캘리포니아 출신의 학생들 몇 명이 자신들의 눈을 감은 채로 테니스를 친다고 합니다. 그들은 더 낮은 네트가 있는 더 작은 코트에서 경기를 하고, 헤드가 더 크고 손잡이는 더 짧은 어린이용 라켓을 사용합니다. 게다가 줄이 바닥에 붙어 있어서, 선수들이 자신의 발 아래 테니스 코트의 경계를 느낄 수 있습니다. 가장 중요한 것은 특별한 공이 선수들이 테니스를 치는 것을 돕는다는 것입니다. 그 공은 소리를 내는 금속 구슬로 채워집니다. 그게 바로 볼 수 없는 사람들이 테니스를 칠 수 있는 방법입니다. 누군가의 기발한 아이디어 덕분에, 많은 시각 장애인들이 요즘 테니스 치는 것을 즐깁니다. 오늘 아침의 재미있는 사실이었습니다. 학교에서 멋진 하루 보내세요!

〔해설〕

1 (A) 기사가 '흥미로운' 것이므로 현재분사 interesting이 알맞다.
  (B) '눈이 감긴 채로'라는 의미의 수동 표현이 되어야 하므로 closed가 알맞다.
  (C) 〈help+목적어+(to+)동사원형〉의 형태로 쓰이므로 목적어 the players 뒤에 동사원형 play가 와야 한다.
2 시각 장애인이 테니스를 칠 수 있도록 공에 소리를 내는 금속 구슬이 채워진다고 하였으므로 ④가 글의 내용과 일치한다.
3 테니스 공이 소리를 내는 금속 구슬로 채워진 이유는 볼 수 없는 사람들이 테니스를 칠 수 있도록 하기 위함이다. so that: ~하기 위하여(=in order that)

> 볼 수 없는 사람들이 테니스를 칠 수 있도록 하기 위하여 그 테니스 공은 금속 구슬들로 채워져 있다.

4 a. 국가의 경계는 글로벌 시대에 점점 무의미해지고 있다.
  b. 민우는 수학 수업에서 가장 우수한 학생들 중 한 명이다. 그는 매우 똑똑하다.

〔구문〕

· The ball **is filled with** metal beads **that make sound**.
  → be filled with는 '~으로 가득 차다'의 의미이다. that ~은 metal beads를 꾸며 주는 주격 관계대명사절로, '소리를 내는'으로 해석한다.
· **That is how** someone who can't see can play tennis.
  → that is how는 '그것이 바로 ~하는 방법이다'라는 의미이다.

⟳ 워크북 124쪽

Workbook A 1 기사 2 시각 장애인(인), 눈이 안 보이는 3 ~에 의하면 4 코트, 경기장 5 게다가 6 줄 7 테이프로 붙이다, 고정하다 8 경계 9 중요하게 10 ~로 가득 차다 11 금속 12 구슬 13 ~ 덕분에 14 훌륭한, 뛰어난
B 1 play tennis with their eyes closed 2 String is taped on the floor. 3 helps the players play tennis 4 metal beads that make sound 5 someone who can't see can play tennis

story Ⓑ ▸소재 유스호스텔 위치 안내문　　　　　　　　　　　　　　⊃ 본책 80쪽

▸정답

1 ④　　**2** two, walk　　**3** ③　　**4** a. distance　b. located

▸해석

Evergreen 유스호스텔은 Greenwich의 가운데에 있습니다. 그것은 Greenwich 기차역 둘 다로부터 걸어갈 수 있는 거리에 있고, 거기까지 가는 데 약 10분에서 15분이 걸립니다.

· **Greenwich West역에서부터**

　왼쪽으로 돌아서 시내 중심 도로(Clifford Street)를 따라 시내 중심으로 가세요. 왼쪽에 우체국이 보이는 다음 모퉁이에서 오른쪽으로 돌아 Central Street를 따라가세요. 다음 교차로(Savoy 호텔이 코너에 있습니다)에서 왼쪽으로 돌아 공원을 따라 Austin Street를 따라가세요. 우리는 바로 다음 로터리에 위치합니다.

· **Greenwich East역에서부터**

　오른쪽으로 돌아 시내 중심 도로(Hillside Avenue)를 따라 시내 중심으로 가세요. Du Nord 호텔에서 오른쪽(→ 왼쪽)으로 돌아 공원을 끼고 Diamond Street를 따라가세요. 우리는 두 번째 로터리에 위치합니다.

▸해설

1 ⓓ Du Nord 호텔에서 왼쪽으로 돌아야 Diamond Street로 따라갈 수 있다.

2 유스호스텔이 두 개의 기차역에서 걸어갈 수 있는 거리에 있고, 10분에서 15분 정도 걸린다는 내용이 첫 두 문장에 언급되었다.

> Greenwich에는 두 개의 기차역이 있다. 이 역들은 Evergreen 유스호스텔에서 멀지 않다. 당신이 그 호스텔까지 걷기로 결정한다면, 대략 10분에서 15분밖에 걸리지 않는다.

3 Greenwich West역과 Greenwich East역에서 출발하여 Evergreen 유스호스텔까지 걸어서 갈 수 있는 두 가지 방법을 안내하는 내용이다.

　① 감사하려고　② 초대하려고　③ 안내하려고　④ 광고하려고　⑤ 사과하려고

4 a. 우리 집에서 그 주유소까지 거리는 1km이다.

　b. 그 식당은 시청에서 단지 몇 분 거리에 위치해 있다.

▸구문

· ~ and **it takes** about 10−15 minutes **to get there**.

　→ ⟨it takes+시간+to부정사~⟩는 '~하는 데 시간이 걸리다'는 뜻이다.

· At the next corner, **where** you can see a post office on the left, turn right and follow Central Street.

　→ where는 선행사가 장소일 때 쓰는 관계부사로 이 문장에서는 the next corner가 선행사이다.

⊃ 워크북 125쪽

Workbook　Ⓐ **1** 거리　**2** 둘 다　**3** 철도　**4** 따라가다　**5** 교차로　**6** ~을 따라　**7** 위치하다　**8** 로터리　**9** ~에서 먼　**10** 선택하다　**11** 초대하다　**12** (정보를) 알려주다　**13** 광고하다　**14** 사과하다

Ⓑ **1** takes about 10–15 minutes to get there　**2** the main street to the town center　**3** where you can see a post office on the left　**4** follow Austin Street along the park　**5** are located at the next roundabout story A · 소재 주방 화재 시 대처 방법 ⊃ 본책 82쪽

정답

1 ②　**2** ①　**3** 기름에 의해 일어나는 주방 화재　**4** a. available b. broke

해석

당신은 당신의 집에서 화재가 발생하면 무엇을 해야 할지 알고 있는가? 당신의 부모님이 직장에 계신 동안 당신과 부모님을 위해서 당신이 저녁을 준비하고 있다고 가정해 보자. 당신이 상을 차리고 있을 때, 당신은 연기 냄새를 맡기 시작한다. 연기는 버너 위의 냄비에서 나오고 있다. 당신은 무엇을 해야 하는가? 119에 전화해서 그들의 지시에 따르는 것이 취해야 할 최선의 조치이다. 그러나 그 선택이 가능하지 않은 경우에 다음의 조치를 따르라. 먼저, 주방 화재는 대개 기름에 의해 일어나고, 그것은 물로 끌 수 없다는 것을 기억하라. 둘째로, 주방 장갑을 끼고 조심스럽게 버너를 꺼라. 그 다음에 냄비의 뚜껑을 불을 향해 잡고 뚜껑을 미끄러뜨려서 냄비를 덮어라. 당신이 화재로부터 공기를 차단했기 때문에 그것은 곧 꺼질 것이다.

해설

1 주방에서 화재가 일어났을 때의 대처 요령을 알려주고 있다.

2 물을 부어 끄지 말고, 불이 난 냄비 위에 뚜껑을 덮는 방법을 알려주었다.

3 물로 끌 수 없는 것이라고 했으므로 which가 가리키는 것은 바로 앞에 쓰인 기름(oil)이 아니라, 앞 문장 전체 내용, 즉 '기름에 의해 일어나는 주방 화재'이다.

4 a. 이 자동 현금 인출기는 하루 24시간, 일주일에 7일 이용 가능하다. 당신은 필요할 때면 언제든 그것을 사용할 수 있다.
　　b. 한국전쟁은 1950년에 일어나서 1953년에 중단되었다.

구문

· **Let's say** you are preparing dinner for you and your parents ~.
　→ Let's say는 '~라고 가정해보자'라는 의미로, 가정된 상황을 설정할 때 쓰인다.
· **Calling 119 and following their directions** *is* the best action to take.
　→ 주어는 calling 119과 following their directions라는 동명사구가 and로 연결된 형태이지만, 두 가지(119에 전화해서 지시를 따르는 것)를 하나의 연결된 개념으로 보아 단수동사 is를 썼다.
· However, **in case** that option is not available, take the following steps.
　→ in case는 '~한 상황에는'이라는 의미이다.

⊃ 워크북 126쪽

Workbook　Ⓐ **1** 발생하다　**2** 준비하다　**3** 식탁을 차리다　**4** 냄새를 맡다　**5** 쏟아지다　**6** 지시　**7** 선택 사항　**8** 이용 가능한　**9** ~을 야기하다　**10** 불을 끄다　**11** ~을 끄다　**12** 잡다　**13** 뚜껑　**14** 차단하다, 잘라내다

Ⓑ **1** if a fire broke out at your home　**2** Let's say you are preparing dinner　**3** Calling 119 and following their directions is　**4** In case that option is not available　**5** which cannot be put out with water

소재 편견 ⊃ 본책 84쪽

정답

1 ④   2 ③   3 judging people based on how they speak is a kind of prejudice   4 a. global b. prejudice

해석

당신은 사람들을 처음 만나면 무엇으로 그들을 판단하는가? 그들이 어떻게 생겼는지로? 아니면 그들이 무슨 일을 하는지로? 연구에 따르면, 사람들은 다른 사람들을 그들이 어떻게 말을 하는지에 근거하여 판단한다. 사람들은 한 사람의 지성뿐만 아니라 그 사람의 인성의 다른 부분들까지 판단하는 경향이 있다. 예를 들면, 어떤 사람들은 특정한 말씨(사투리)를 사용하는 사람들이나 느리게 말하는 사람들이 영리하지 못하다고 생각한다. 많은 사람들은 사람들의 말하는 방식을 관찰함으로써 그들의 인성을 파악할 수 있다고 말한다. 그러나 이것은 영어에서는 문제가 될 수 있다. 영어는 전 세계 사람들이 사용하는 세계어가 되었다. 너무 많은 변형들이 있다. 세계의 다른 곳에서 온 영어 사용자들이 만나면 그들은 종종 서로를 불공평하게 판단한다. 그래서 우리는 사람들을 그들이 말하는 방식으로 판단하는 것은 일종의 편견이라는 것을 명심해야 한다.

해설

1 빈칸 뒤에서 사람들이 지능뿐만 아니라 인성의 다른 부분들까지 판단하는 예를 제시하고 있으므로, 예시를 나타내는 연결어인 ④가 적절하다.
   ① 결국 ② 그러나 ③ 그 결과로 ④ 예를 들면 ⑤ 처음에는

2 말하는 방식을 보고 다른 사람을 판단하는 것은 옳지 않다는 내용과 의미가 통하는 속담은 ③이다.
   ① 돌다리도 두드려 보고 건너라.   ② 백지장도 맞들면 낫다.   ③ 겉모습으로 판단하지 마라.
   ④ 유유상종   ⑤ 대접받고 싶은 대로 남을 대하라.

3 마지막 문장, So, we should keep in mind that ~에 글쓴이의 주장이 잘 나타나 있다.

> 질문: 이 글에서 글쓴이가 우리로 하여금 기억하기를 원하는 것은 무엇인가?
> 대답: 그는 우리가 <u>사람들을 그들이 말하는 방식으로 판단하는 것은 일종의 편견이라는 것</u>을 기억하기를 원한다.

4 a. 이 오존 문제는 <u>지구</u> 온난화를 유발하고 있다.
   b. 그는 그 나라에 대한 <u>편견</u>을 가지고 있다. 그래서 그는 거기서 온 사람들을 경시한다.

구문

• People tend to judge **not only** a person's intelligence, **but** other parts of his or her personality.
   → 〈not only A but (also) B〉는 'A뿐 아니라 B도'라는 의미의 상관접속사이다.

⊃ 워크북 127쪽

Workbook   **A** 1 판단하다 2 연구, 조사 3 ~에 기초하여 4 지능, 지성 5 인성, 성격 6 말씨, 억양 7 파악하다 8 관찰하다 9 문제가 있는 10 세계적인 11 변화, 변형 12 불공평하게 13 편견 14 뛰다 15 모이다 16 대하다

B 1 not only a person's intelligence, but other parts of his or her personality 2 people who speak with a certain accent 3 by observing the way they speak 4 that people all over the world use 5 Judging people based on how they speak

MEMO

MEMO

MEMO

중학도 EBS!

EBS중학의 무료강좌와 프리미엄강좌로 완벽 내신대비!

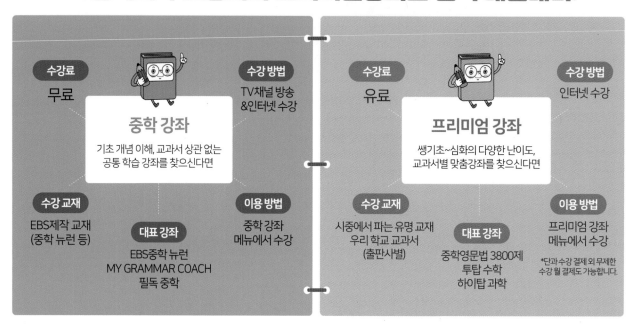

중학 강좌
기초 개념 이해, 교과서 상관 없는
공통 학습 강좌를 찾으신다면

- **수강료** 무료
- **수강 방법** TV채널 방송 &인터넷 수강
- **수강 교재** EBS제작 교재 (중학 뉴런 등)
- **대표 강좌** EBS중학 뉴런 MY GRAMMAR COACH 필독 중학
- **이용 방법** 중학 강좌 메뉴에서 수강

프리미엄 강좌
쌩기초~심화의 다양한 난이도,
교과서별 맞춤강좌를 찾으신다면

- **수강료** 유료
- **수강 방법** 인터넷 수강
- **수강 교재** 시중에서 파는 유명 교재 우리 학교 교과서 (출판사별)
- **대표 강좌** 중학영문법 3800제 투탑 수학 하이탑 과학
- **이용 방법** 프리미엄 강좌 메뉴에서 수강
  *단과 수강 결제 외 무제한 수강 월 결제도 가능합니다.

프리패스 하나면 EBS중학프리미엄 전 강좌 무제한 수강

내신 대비 진도 강좌

- ☑ 국어/영어: 출판사별 국어7종/영어9종 우리학교 교과서 맞춤강좌
- ☑ 수학/과학: 시중 유명 교재 강좌 모든 출판사 내신 공통 강좌
- ☑ 사회/역사: 개념 및 핵심 강좌 자유학기제 대비 강좌

영어 수학 수준별 강좌

- ☑ 영어: 영역별 다양한 레벨의 강좌 문법 5종/독해 1종/듣기 1종 어휘 3종/회화 3종/쓰기 1종
- ☑ 수학: 실력에 딱 맞춘 수준별 강좌 기초개념 3종/ 문제적용 4종 유형훈련 3종/ 최고심화 3종

시험 대비 / 예비 강좌

- · 중간, 기말고사 대비 특강
- · 서술형 대비 특강
- · 수행평가 대비 특강
- · 반배치 고사 대비 강좌
- · 예비 중1 선행 강좌
- · 예비 고1 선행 강좌

왜 EBS중학프리미엄 프리패스를 선택해야 할까요?

현직 교사들이 직접 참여하는 강의

타사 대비 60% 수준의 합리적 수강료

60%

프리패스 회원만을 위한 특별한 혜택

자세한 내용은 EBS중학 > 프리미엄 강좌 > 무한수강 프리패스(http://mid.ebs.co.kr/premium/middle/index) 에서 확인할 수 있습니다.
*사정상 개설강좌, 가격정책은 변경될 수 있습니다.

중학도 EBS! 최고의 강의, 합리적인 가격
프리패스 구매 문의 : 1588-1580 / 연중무휴 EBS중학프리미엄